Kleine Spiele zum Großwerden

Jackie Silberg

für 1-Jährige

Jeden Entwicklungsschritt gezielt begleiten

W0173618

☐☐ Verlag an der Ruhr

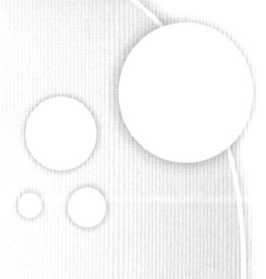

Impressum

Titel der deutschen Ausgabe
Kleine Spiele zum Großwerden für 1-Jährige
Jeden Entwicklungsschritt gezielt begleiten

Titel der amerikanischen Originalausgabe
Games to Play with Toddlers

© der amerikanischen Originalausgabe
Gryphon House, Inc., Beltsville, MD 20705, 2002

Autorin
Jackie Silberg

Titelbildmotiv
© Franz Pfluegl – Fotolia.com
© Pavel Losevsky – Fotolia.com (Bild Umschlag-Rückseite)

Illustrationen
Norbert Höveler

Übersetzung
Rita Kloosterziel

Bearbeitung für Deutschland

Verlag an der Ruhr
Mülheim an der Ruhr
www.verlagruhr.de

Geeignet für die Altersstufen 0–2

Unser Beitrag zum Umweltschutz

Wir sind seit 2008 ein ÖKOPROFIT®-Betrieb und setzen uns damit aktiv für den Umweltschutz ein. Das ÖKOPROFIT®-Projekt unterstützt Betriebe dabei, die Umwelt durch nachhaltiges Wirtschaften zu entlasten.
Unsere Produkte sind grundsätzlich auf chlorfrei gebleichtes und nach Umweltschutzstandards zertifiziertes Papier gedruckt.

© Verlag an der Ruhr 2009
ISBN 978-3-8346-0468-2

Printed in Germany

Inhaltsverzeichnis

Spiele für 13 bis 15 Monate

Spiele für 16 bis 18 Monate

Spiele für 19 bis 21 Monate

Spiele für 22 bis 24 Monate

Vorwort

Gibt es etwas Wunderbareres als ein kleines Kind, das die Welt erkundet? Ein Kind, das Apfelstückchen fallen lässt, weil es herausfinden möchte, ob sie wie Bälle vom Boden abprallen, das eifrig hin und her rennt oder ein Lied oder eine Geschichte immer wieder hören will. Kinder im Alter von 12–24 Monaten lernen aus Erlebnissen und Beobachtungen, die sie bei solchen Erkundungen machen. Beim Spiel erweitert ein Kind seine unterschiedlichen Fähigkeiten, die wesentlich für seine Entwicklung sind.

> Dieses Buch ist den 1-jährigen Kindern gewidmet, die viel Freude in unser Leben bringen.

In diesem Buch finden Sie eine Zusammenstellung spannender und anregender Spiele für 1-Jährige. Sie können sie mit dem Kind gemeinsam spielen und gleichzeitig eine vertrauensvolle Beziehung zu ihm aufbauen. Egal ob Sie mit Bausteinen bauen, sich in einer „Stillezeit" flüsternd unterhalten, mit Spielsachen spielen oder zusammen lachen: Hier gibt es jede Menge vergnügliche Ideen für Sie und das Kind – zum Spaß haben und zum Lernen.

Diese Tiersymbole finden Sie bei dem jeweiligen Alter in den entsprechenden Kapiteln der drei Bände „Kleine Spiele zum Großwerden …" für **Babys**, **1-Jährige** und **2-Jährige**:

	Band 1 (für Babys)				Band 2	
0–3	4–6	7–9	10–12	13–15	16–18	

Monate

Alle Spiele in diesem Buch wurden sorgfältig ausgewählt und haben sich in der Praxis bewährt. Sie entstammen den unterschiedlichsten kulturellen und ethnischen Zusammenhängen und sind den verschiedenen Entwicklungsstadien zwischen dem 1. und dem 2. Lebensjahr eines Kindes angepasst.

Viel Spaß damit!

Jackie Silberg

Spiele, mit deren Hilfe Sie die Entwicklungsschritte von Babys im 1. und Kindern im 3. Lebensjahr unterstützen können, finden Sie in den Bänden:

Kleine Spiele zum Großwerden für Babys

Kleine Spiele zum Großwerden für 2-Jährige

(für 1-Jährige)		Band 3 (für 2-Jährige)			
19–21	22–24	25–27	28–30	31–33	34–36

Monate

Meilensteine der kindlichen Entwicklung

Jedes Kind entwickelt sich auf seine ganz eigene und unverwechselbare Weise. Anhand der folgenden Auflistung können Sie sich einen groben Überblick über die bedeutendsten Fähigkeiten verschaffen, die sich ein Kind während seines zweiten Lebensjahres aneignet. Sie sind nach drei Kategorien geordnet:

▷ motorische und visuomotorische Fähigkeiten,

▷ sprachliche und kognitive Fähigkeiten,

▷ soziale und emotionale Fähigkeiten.

Lassen Sie sich aber nicht verunsichern, wenn das Kind bestimmte Fähigkeiten erst später erreicht, sondern geben Sie ihm die benötigte Zeit. Denn jedes Kind entwickelt sich in seinem ganz individuellen Tempo. Ein Erfahrungsaustausch mit Eltern und Erzieherinnen* kann viele Unsicherheiten und Zweifel beseitigen. Außerdem können Sie sich gemeinsam über die Entwicklungsfortschritte der Kinder freuen.

* Aus Gründen der besseren Lesbarkeit
haben wir in diesem Buch durchgehend
die weibliche Form verwendet.
Natürlich richtet sich das Buch gleichermaßen
auch an Väter, Erzieher, Pädagogen etc.

Kleine Spiele zum Großwerden ...

Meilensteine von 12 bis 24 Monaten

Motorische und visuomotorische Fähigkeiten

Das Kind …

▷ kann ohne Hilfe gehen.
▷ kann kurze Strecken sicher rennen oder schnell gehen.
▷ kann eine Treppe hinaufgehen.
▷ kann beim Laufen Spielzeuge hinter sich herziehen.
▷ kann in die Hocke gehen.
▷ kann einen Ball schießen, ohne dabei umzufallen.
▷ kann zu Musik tanzen.
▷ wirft einen Ball zunehmend genauer.
▷ öffnet eventuell Türen durch Herunterdrücken der Türklinke.
▷ kann zwei kleine Bauklötze gleichzeitig in einer Hand halten.
▷ stapelt bis zu sechs Bausteine aufeinander.
▷ blättert einzelne Buchseiten um.
▷ kann Gegenstände zusammenstecken
   (z.B. bei altersgerechten Steckspielen).
▷ kritzelt auf Papier.
▷ kann Bonbons aus dem Papier auswickeln.

Sprachliche und kognitive Fähigkeiten

Das Kind …

▷ spricht Ein- oder Mehrwort-Sätze wie „da Auto", „trinken" etc.
▷ kann Bedürfnisse verständlich äußern
   (z.B. das Bedürfnis zu essen oder trinken).
▷ kennt die Namen vieler vertrauter Gegenstände
   (z.B. auch von Spielsachen).
▷ kennt seinen eigenen Namen und die Bezeichnungen
   vieler Körperteile.

▷ kann ab dem 18. Monat ca. 40 Wörter sprechen und ca. 200 verstehen. (Seine sprachlichen Fähigkeiten entwickeln sich ab diesem Zeitpunkt sehr schnell.)

▷ klettert, z.B. auf Möbelstücke (Sofa, Sessel etc.).

▷ kann sich an den gewohnten Tagesablauf und an Gegenstände erinnern.

▷ erkennt bekannte Dinge in einem Bild.

▷ erkennt im Freien Dinge, die weiter entfernt sind.

▷ versucht, zu singen.

▷ ordnet Gegenstände nach Farbe, Form und Größe.

▷ nimmt wahr, aus welcher Richtung ein Geräusch zu hören ist.

Soziale und emotionale Fähigkeiten

Das Kind ...

▷ befolgt kleine Aufforderungen (z.B. „Hol bitte deine Schuhe.").

▷ erkennt sich selbst im Spiegel.

▷ kann mit einem Löffel essen und aus einem Becher trinken.

▷ ahmt Erwachsene nach.

▷ reagiert auf Lob und Ermahnung, indem es z.B. Handlungen wiederholt, für die es Anerkennung erfahren hat.

▷ macht deutlich, dass Sachen ihm gehören, wenn andere sie ihm beim Spielen wegnehmen wollen.

▷ kann gut Blickkontakt mit vertrauten Personen halten.

▷ fordert persönliche Aufmerksamkeit von Bezugspersonen.

▷ mag es, mit anderen Babys und Kindern zusammen zu sein.

▷ lernt zu teilen.

▷ versteht allmählich, dass andere Menschen auch andere Meinungen und Gefühle haben können.

Hinweise zur praktischen Umsetzung der Spiele

Die Spiele in diesem Buch geben hilfreiche Anregungen für Eltern, Großeltern oder andere Bezugspersonen des Kindes, ebenso wie für Krippenerzieherinnen in pädagogischen Einrichtungen oder für Tagesmütter. Als Erzieherin oder Tagesmutter sollten Sie bei der Umsetzung die entsprechenden Vorgaben und Bestimmungen, zum Beispiel zur Hygiene, beachten, die in Ihrer Einrichtung gelten. Sie können die Spiele aber – falls erforderlich – mühelos abwandeln.

In vielen Spielen wird wörtlich beschrieben, was Sie dem Kind in der Spielsituation sagen können. Die Sätze sind selbstverständlich nur als Beispiele gedacht, Sie brauchen sie nicht wörtlich übernehmen.

Bei jedem Spiel wird angegeben, was Babys dabei lernen können. Dabei sind die Spiele in die folgenden vier Alterskategorien aufgeteilt:

Spiele für … **13 bis 15 Monate** **16 bis 18 Monate**

 19 bis 21 Monate **22 bis 24 Monate**

Die Spiele der Alterskategorien sind grob an die Entwicklungsstufe des Kindes in diesem Alter angepasst. Die Altersangaben für die einzelnen Spiele in diesem Buch sind aber nur als Orientierung gedacht. Bedenken Sie, dass sich jedes Kind in seinem eigenen Tempo entwickelt. Lassen Sie sich bei der Auswahl der Spiele davon leiten, was Sie über die einzelnen Kinder wissen.

Kleine Spiele zum Großwerden für 1-Jährige

Spiele für 13 bis 15 Monate

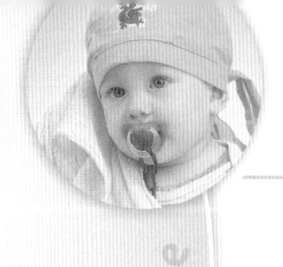

Spiel mit Farben

Es dauert eine Weile, bis Kinder die Namen von Farben lernen. Gleiche Farben einander zuzuordnen, ist eine gute Übung, die auch kleineren Kindern Spaß macht.

So geht es

▶ Setzen Sie sich mit dem Kind auf den Boden, und schieben Sie ein Spielzeugauto hin und her. Nehmen Sie ein blaues oder ein rotes Auto. Nennen Sie immer wieder die jeweiligen Farben des Autos.

▶ Nachdem Sie und das Kind eine Weile mit dem Auto gespielt haben, nehmen Sie ein Auto in einer anderen Farbe und spielen damit weiter.

▶ Legen Sie zwei Bögen Papier auf den Boden, die dieselbe Farbe wie die beiden Autos haben. Stellen Sie die Autos auf den jeweils passenden Papierbogen.

▶ Nehmen Sie eines der Autos wieder von dem Papierbogen, und bitten Sie das Kind, das Auto auf das passende Papier zu stellen.

Hinweis

Beschreiben Sie bei dem Spiel immer Ihr Tun, und nennen Sie auch immer die Namen der entsprechenden Farben. Wenn Sie dieses Spiel über einen längeren Zeitraum immer wieder mit dem Kind spielen, fördern Sie seine Fähigkeit, Dinge einander zuzuordnen.

Farbenspaß

Im zweiten Lebensjahr lernt das Kind, Dinge nach Farben zu ordnen. Mit diesem kleinen Spiel unterstützen Sie es dabei.

So geht es

▶ Suchen Sie sich zwei gleich große Behälter, z.B. Jogurtbecher. Bemalen oder bekleben Sie einen Behälter mit roter, den anderen mit gelber Farbe.

▶ Stellen Sie die Behälter vor dem Kind auf den Boden. Legen Sie den Zeigefinger nacheinander an die beiden Behälter, und nennen Sie jeweils die entsprechende Farbe.

▶ Führen Sie den Zeigefinger des Kindes erst an den einen und dann an den anderen Behälter, und wiederholen Sie dabei die Farbnamen.

▶ Nehmen Sie den gelben Behälter in die Hand, und fragen Sie: „Möchtest du den gelben haben?" Geben Sie ihm dann den Behälter. Verfahren Sie ebenso mit dem zweiten Behälter.

▶ Legen Sie einen kleinen Gegenstand in den gelben Behälter. Schütteln Sie beide Behälter.

▶ Stellen Sie dann beide Behälter wieder vor das Kind. Bitten Sie das Kind, Ihnen den gelben Behälter zu geben.

Hinweis

Wenn Sie dieses Spiel ein paar Mal gespielt haben, erkennt das Kind den Behälter mit dem rappelnden Gegenstand an der gelben Farbe.

17

Auf Farbensuche

Unternehmen Sie mit dem Kind einen Spaziergang
durch die Einrichtung oder die Wohnung. Achten Sie
auf Farben, die Ihnen und dem Kind unterwegs begegnen.

So geht es

▶ Suchen Sie sich ein Spielzeug in einer bestimmten Farbe,
das Sie auf Ihren Spaziergang mitnehmen.

▶ Suchen Sie in jedem Zimmer ein oder zwei Gegenstände
in der gleichen Farbe wie das Spielzeug.

▶ Kommentieren Sie Ihre Funde. Sagen Sie z.B. „Der gelbe Vorhang
hat die gleiche Farbe wie dein gelber Ball" oder „Der blaue Stuhl
hat die gleiche Farbe wie dein blauer Baustein".

Tipp

Sie können auch einen Wäschekorb auf Ihre Wanderung mitnehmen und
unterwegs Spielsachen und andere Gegenstände in der gleichen Farbe
einsammeln.

Kleine Spiele zum Großwerden ...

Cha-Cha-Cha

Geräusche jeglicher Art sind Musik in den Ohren des Kindes. Aus fast allen Alltagsmaterialien lassen sich „Instrumente" für Wahrnehmungsspiele basteln.

So geht es

▶ Legen verschiedene Materialien wie zum Beispiel Murmeln, Knöpfe, Kieselsteinchen oder andere interessante Geräusche-macher in einen leeren Jogurtbecher.

▶ Schließen Sie die Öffnung, indem Sie zum Beispiel Pergamentpapier darüberkleben.

▶ Geben Sie dem Kind den Becher, und ermuntern Sie es, damit zu rappeln, während Sie ein Lied mit ihm singen. Suchen Sie sich am besten ein bekanntes Lied aus, zum Beispiel „Alle meine Entchen".

▶ Sie können alternativ auch einen Sprechgesang anstimmen. Sprechen Sie zum Beispiel wiederholt rhythmisch die Worte: „Eins, zwei, cha-cha-cha."

▶ Zeigen Sie dem Kind, wie es zu **„cha-cha-cha"** mit dem Becher rappeln kann.

▶ Wiederholen Sie dieses Spiel mehrmals. Das Kind wird bald verstehen, dass es auf **„cha-cha-cha"** die Dose schütteln soll.

Spiel mit Lauten

Für die Entwicklung von sprachlichen Fähigkeiten ist
die Entwicklung der Hörfähigkeit eine wichtige Voraus-
setzung, die Sie mit diesem Spiel schulen können.

So geht es

▶ Setzen Sie das Kind so auf Ihren Schoß, dass es Sie
ansehen kann.

▶ Beginnen Sie damit, dass Sie immer wieder denselben Laut
sprechen, z.B. „da, da, da".

▶ Ändern Sie den Laut ein wenig. Sagen Sie z.B.: „Ga, ga, ga."
Wenn Sie bemerken, dass das Kind auf die Veränderung reagiert,
wissen Sie, dass es genau zuhört.

▶ Sprechen Sie nochmals den ersten Laut, allerdings jetzt in einer
anderen Tonhöhe.

▶ Wenn Sie den Eindruck haben, dass das Kind sich zu langweilen
beginnt, wechseln Sie wieder zum zweiten Laut.
Ändern Sie wieder gleichzeitig auch die Tonhöhe. Wenn das Kind
mit einem Lächeln oder aufgeregtem Zappeln reagiert, wissen Sie,
dass es konzentriert lauscht.

▶ Nehmen Sie das Kind zum Schluss in den Arm.

Laute machen Spaß

Mit dieser Übung unternehmen Sie spielerisch einen
ersten Schritt in Richtung einer positiven Grundhaltung
zu Wörtern.

So geht es

▶ Schauen Sie das Kind an, und sprechen Sie ihm einzelne
Vokale a, e, i, o, u vor. Wiederholen Sie jeden Vokal mehrere
Male. Machen Sie dann eine Pause, in der Sie abwarten,
ob das Kind Sie nachahmt.

▶ Variieren Sie Tonhöhe und Sprechtempo. Sprechen Sie einen Vokal
erst mit hoher, dann mit tiefer Stimme, erst schnell, dann langsam.

▶ Sprechen Sie zwei unterschiedliche Vokale hintereinander,
z.B. „Eh, eh, eh, ah, ah, ah".

▶ Denken Sie sich Melodien aus, und singen Sie die Vokale.

Hinweis

Je häufiger Sie mit Lauten spielen, desto mehr
Spaß hat das Kind an den Lauten,
die es selbst macht.

21

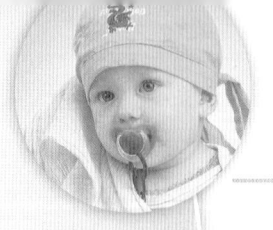

Spiele für 13 bis 15 Monate

Tierlaute

Kinder in diesem Alter haben großen Spaß daran, Tierlaute nachzuahmen.

So geht es

▶ Suchen Sie mehrere Plastiktiere zusammen. Zeigen Sie dem Kind eines der Tiere, nennen Sie den Namen des Tieres, und machen Sie die entsprechenden Tierlaute.

▶ Ermuntern Sie das Kind, den Tierlaut ebenfalls nachzuahmen.

▶ Zeigen Sie dem Kind ein Bild, auf dem verschiedene Tiere abgebildet sind, oder entsprechende Bilderbücher. Lassen Sie es ein bestimmtes Tier suchen und den dazugehörigen Laut machen.

▶ Verfahren Sie in gleicher oder ähnlicher Weise mit den anderen Plastiktieren.

▶ Suchen Sie in Zeitschriften nach Bildern von Tieren, die das Kind bereits kennt. Schneiden Sie diese aus, und kleben Sie sie auf ein Stück Pappe. Stellen Sie so ein ganz individuelles Tierbilderposter für das Kind zusammen.

Alltägliche Gespräche

Jeden Tag bieten sich unzählige Situationen, in denen Sie
die Sprachentwicklung des Kindes fördern können.

So geht es

▶ Wenn das Kind anfängt zu sprechen, imitieren Sie die Laute,
die es macht.

▶ Variieren Sie ihre Stimme in Tonhöhe und Intensität.
Auch so fördern Sie die sprachliche Entwicklung des Kindes.

▶ Nutzen Sie alltägliche Situationen zu Gesprächen mit dem Kind.
Erklären Sie ihm in einfachen Zwei- oder Dreiwortsätzen, was Sie tun.
Sagen Sie z.B. beim Wickeln: „Windelwechseln, Windelwechseln,
Windelwechseln" oder „Windel weg, Windel an".

▶ Variieren Sie Ihren Sprechrhythmus. Einen kleinen Satz wie
„Ma, ma, ma, ich hab dich lieb" können Sie zum Beispiel einmal schnell
und einmal langsam sagen. Sprechen Sie den Satz auch
mit unterschiedlicher Betonung, oder verändern
Sie die Lautstärke Ihrer Stimme.

▶ Unterstützen Sie die sprachlichen
Fortschritte des Kindes, indem Sie seine
Lautäußerungen nachahmen und ein oder
zwei Worte hinzufügen.

Einen Rhythmus klopfen

Bei diesem Spiel hört und fühlt das Kind, wie ein Rhythmus entsteht.

So geht es

▶ Setzen Sie das Kind auf Ihren Schoß.

▶ Sprechen Sie einen Reim oder ein Gedicht, den oder das das Kind kennt.

▶ Klopfen Sie dem Kind beim Sprechen im Rhythmus des Reimes auf den Rücken, die Schulter oder das Bein.

▶ Nehmen Sie die Hand des Kindes, und zeigen Sie ihm, wie es Ihnen im Rhythmus auf die Schulter klopfen kann.

▶ Variieren Sie die Sprechgeschwindigkeit, und klopfen Sie entsprechend langsamer oder schneller.

Variante

Sie können auch beim Reimaufsagen mit Ihren Beinen wippen, sodass das Kind im Rhythmus des Reims geschuckelt wird.

Auf Schnupperkurs

Kinder kommen mit einem voll entwickelten Geruchssinn
auf die Welt. Vielleicht bringen Sie selbst mit bestimmten
Düften und Gerüchen Erinnerungen in Verbindung. Spielen
Sie ein Schnupperspiel mit dem Kind.

So geht es

▶ Überlegen Sie sich, was sich leicht und eindeutig
erschnuppern lässt, z.B. Blumen, Gras oder Gewürze.

▶ Sagen Sie: „Komm, wir riechen an den Blumen."
Halten Sie sich eine Blume unter die Nase, und machen Sie
dem Kind vor, wie man daran schnuppern kann.
Sagen Sie dabei: „Oh, das riecht wunderbar."
Halten Sie die Blume dann dem Kind unter die Nase,
damit es ebenfalls daran schnuppern kann.

▶ Wenn Sie an zwei Sachen geschnuppert haben (z.B. Zimt und Blumen),
legen Sie eine Blume und ein wenig gemahlenen Zimt auf einen Tisch.
Ermuntern Sie das Kind, auf die Blume zu zeigen. Helfen Sie ihm,
wenn es nicht weiß, wie man zeigt. Riechen Sie dann beide daran.

▶ Wiederholen Sie diese Schritte mit dem Zimt.

Hinweis

Jede Jahreszeit bringt ihre eigenen Düfte mit sich. Gehen Sie mit dem
Kind nach draußen, und erkunden Sie Frühling, Sommer, Herbst und
Winter mit der Nase.

25

Was das Kind dabei lernt:
Fantasie

Tausend und eine Pappröhre

Zeigen Sie dem Kind, was man alles mit einer Pappröhre anstellen kann.

So geht es

▶ Tun Sie so, als sei die Pappröhre ein Mikrofon. Singen Sie ein Kinderlied hinein. Halten Sie die Pappröhre auch dem Baby hin, und fordern Sie es zum Singen auf.

▶ Stellen Sie sich vor, dass die Pappröhre ein Taktstock ist, und werden Sie zum Dirigenten. Singen Sie zusammen mit dem Kind ein Lied, und dirigieren Sie dazu im Takt. Nehmen Sie die Hand des Kindes, und führen Sie mit ihm gemeinsam den „Taktstock".

▶ Halten Sie sich die Röhre ans Auge, und stellen Sie sich vor, es sei ein Fernrohr. Richten Sie das „Fernrohr" auf das Kind, und sagen Sie „**Kuckuck**". Geben Sie es dann dem Kind, damit es auch versuchen kann, hindurchzusehen.

Ein Zug für Teddy und Co.

Oft lassen sich aus einfachen Materialien neue, interessante Spielzeuge improvisieren. So auch bei diesem Spiel.

So geht es

▶ Legen Sie sich einen Teddy, einige andere Stofftiere, ein paar Pappkartons bereit. Die Pappkartons sollten so groß sein, dass ein Teddy oder ein anderes Stofftier hineinpasst.

▶ Verbinden Sie die Kartons mit festem Klebeband oder Kordeln miteinander. Machen Sie an einer Schmalseite ein Loch in die Pappwand, und fädeln Sie ein Seil durch. Sichern Sie das Seil auf der Innenseite mit einem Knoten.

▶ Fragen Sie den Teddy, ob er Lust auf eine Reise mit der Eisenbahn hat.

▶ Bitten Sie das Kind, den plüschigen Passagier in einen der Kartons zu setzen.

▶ Fragen Sie das Kind, ob es auch eines der anderen Stofftiere verreisen lassen möchte.

▶ Geben Sie dem Kind das Seil, und lassen Sie es den Zug ziehen.

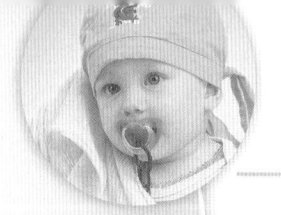

Was das Kind dabei lernt:
Auge-Hand-Koordination

Steckspiel mit Pappkarton

1-jährige Kinder lieben es, Dinge zusammenzufügen.
Sie beschäftigen sich deshalb gerne mit einfachen
Steckspielen wie diesem.

So geht es

▶ Besorgen Sie einen Pappkarton, der in einzelne Fächer
unterteilt ist, z.B. einen Flaschenkarton. Sammeln Sie zudem
leere Pappröhren von Küchenpapierrollen.

▶ Geben Sie dem Kind die Pappröhren. Ermuntern Sie es, eine
Pappröhre in ein Kartonfach des Pappkartons zu stecken und sie wieder
herauszuholen. Sagen Sie dabei „rein" und „raus".

Ganz besondere Bausteine

Bei diesem Spiel kommen Bauklötze der anderen Art
zum Einsatz.

So geht es

▶ Für dieses Spiel brauchen Sie mehrere kleine Papiertüten
mit flachem Boden und jede Menge Zeitungspapier.
(Falls die Papiertüten Henkel haben, schneiden Sie sie ab.)

▶ Ermuntern Sie das Kind, Ihnen beim Zusammenknüllen
des Zeitungspapiers zu helfen. Stopfen Sie die Papierbälle
in die Papiertüten.

▶ Machen Sie die Tüten nicht zu voll, sondern lassen Sie einen aus-
reichend großen Rand, den Sie umknicken und mit Klebeband festkleben.
Aus den Papiertüten sind nun leichte Bausteine geworden, die das Kind
ohne Schwierigkeiten herumtragen kann.

▶ Experimentieren Sie gemeinsam mit dem Kind. Zeigen Sie ihm,
was es mit den Bausteinen alles machen kann:

- ○ aufstapeln
- ○ nebeneinanderlegen
- ○ im Kreis anordnen
- ○ hin- und herwerfen
- ○ Gesichter auf die Bausteine malen,
  die so zu Papp-Puppen werden

Spiele für 13 bis 15 Monate

Der Turm fällt um

Kleine Kinder finden es hinreißend, Bausteine erst zu einem Turm aufeinanderzustapeln, um ihn dann mit großem Gepolter zum Einsturz zu bringen.

So geht es

▶ Helfen Sie dem Kind, einen Turm zu bauen. Mehr als drei oder vier Bausteine können Kinder in diesem Alter meist nicht aufstapeln, denn zu groß ist die Versuchung, das Bauwerk umzustoßen.

▶ Wenn die Bausteine aufgestapelt sind, sagen Sie: „Eins, zwei, drei, der Turm fällt um!" Auf „um" stoßen Sie gemeinsam gegen den Turm.

▶ Wenn Sie das Spiel ein paar Mal mit drei oder vier Bauklötzen gespielt haben, versuchen Sie, einen immer höheren Turm zu bauen.

Kleine Spiele zum Großwerden ...

Weitere Baustein-Spiele

Plastikschalen in unterschiedlichen Größen sind gut
geeignet für den Einstieg in das Spiel mit Bausteinen.
Sie sind leicht und lassen sich problemlos handhaben.

So geht es

▶ Geben Sie dem Kind verschieden große Plastikschalen.
Ermuntern Sie das Kind, diese ineinanderzustecken.

▶ Alternativ können Sie die Schüsseln auch mit einem Deckel
verschließen, sodass das Kind sie aufeinanderstapeln kann.
Durch Ausprobieren wird das Kind bald herausfinden, dass man
beim Stapeln die größeren Schüsseln am besten nach unten stellt.

▶ Ganz spannend wird es, wenn das Kind versucht, die Deckel erst von
den Schüsseln herunterzunehmen, und die Schüsseln anschließend wieder
mit den passenden Deckeln zu verschließen

▶ Sprechen Sie, während Sie mit dem Kind spielen, über seine Vorgehens-
weise, und verwenden Sie dabei Zahlennamen (eine Schüssel, zwei
Schüsseln usw.).

Was das Kind dabei lernt:
Formen wahrnehmen

Spiele mit Kartons

Spiele für 13 bis 15 Monate

Es braucht nicht mehr als ein paar Kartons, um kleine Kinder über Stunden so zu beschäftigen, dass sie Spaß haben und ganz nebenbei auch noch etwas lernen.

So geht es

▶ Stellen Sie eine Sammlung kleiner Spielzeuge und Plastikbehälter zusammen. Geben Sie dem Kind einen großen Karton. Ermuntern Sie es, die Spielsachen hineinzuwerfen und den Karton dann wieder auszuleeren.

▶ Schneiden Sie aus der Oberseite des Kartons Formen wie Kreise, Quadrate und Dreiecke aus. Geben Sie dem Kind die ausgeschnittenen Formen. Lassen Sie es ausprobieren, die Formen durch die passenden Öffnungen ins Innere des Kartons fallen zu lassen.

▶ Geben Sie dem Kind unterschiedlich große Kartons. Bringen Sie ihm bei, wie man sie aufeinanderstapelt. Es wird bald verstehen, dass der größte Karton nach unten gehört. Die Kartons lassen sich auch ineinanderstecken.

Kleine Spiele zum Großwerden ...

Bälle im Karton

1-jährige Kinder spielen dieses Spiel mit wachsender
Begeisterung – und sicher schon bald ohne Ihre Hilfe.

So geht es

▶ Legen Sie weiche Bälle oder andere kleine Gegenstände
in einen Karton. Leeren Sie dann den Karton aus.

▶ Ermuntern Sie das Kind, die Bälle einen nach dem anderen in
die Hand zu nehmen und wieder in den Karton zurückzuwerfen.

▶ Kippen Sie den Karton erneut aus, und bitten Sie das Kind,
die Bälle wieder aufzuheben.

▶ Wenn Sie das Spiel ein paar Mal so gespielt haben, variieren
Sie die Art und Weise, wie Sie den Karton leer machen.
Sie könnten die Bälle z.B. einen nach dem
anderen herausholen oder den Karton mit
dem Fuß umstoßen. Das Kind wird sicher
schnell zu den einzelnen Bällen lauten,
um sie einzusammeln und in den Karton
zurückzulegen.

Wasserballspiele

Ab dem ersten Monat verfügt das Kind bereits über einen relativ guten Gleichgewichtssinn, der mit diesem Spiel weiter geschult wird.

So geht es

▶ Besorgen Sie sich einen großen bunten Wasserball, und blasen Sie ihn auf. Rollen Sie den Ball zum Kind.

▶ Setzen Sie ein Stofftier darauf, halten das Tier fest, und rollen Sie den Ball mit dem Stofftier darauf hin und her.

▶ Fragen Sie das Kind, ob es auch einmal auf dem Ball sitzen möchte. Wenn das Kind zustimmt, setzen Sie es auf den Ball.

▶ Halten Sie das Kind gut fest, während Sie den Ball hin und her rollen. Sagen Sie dabei etwas darüber, wie der Ball rollt: **„vor und zurück"**, **„von einer Seite zur anderen"** und **„von links nach rechts"**.

Variante

Sie können das Kind auch mit dem Bauch auf den großen Ball legen und vorsichtig hin und her rollen.

Kleine Spiele zum Großwerden ...

Was ist in der Schublade?

Kinder wollen die Welt mit all ihren Sinnen erkunden. Die Entdeckungen, die sie dabei machen, bilden die Grundlage für ihre stetig wachsenden Kompetenzen.

So geht es

▶ Wählen Sie eine kleine Schublade in Ihrer Einrichtung oder Wohnung aus, die sich leicht öffnen lässt und sich in einer für das Kind erreichbaren Höhe befindet. Legen Sie eine bunte Auswahl der unterschiedlichsten Sachen hinein: Plastikbehälter, Schüsseln, Holzlöffel usw.

▶ Achten Sie darauf, dass keine scharfkantigen Sachen in der Schublade sind. Alle Gegenstände müssen kindersicher sein.

▶ Lassen Sie die Schublade offen stehen, und sagen Sie dem Kind, dass jene seine Schublade ist. Das Kind wird sich zufrieden und voller Neugier daran machen, den Inhalt der geheimnisvollen Schublade zu erkunden.

▶ Legen Sie von Zeit zu Zeit neue Sachen in die Schublade.

Sicherheitstipp

Um zu verhindern, dass sich das Kind die Finger einklemmt, sollten Sie an der Rückseite der vorderen Schubladenverblendung Moosgummi oder etwas anderes so befestigen, dass sich die Schublade von einem Kind nicht schließen lässt.

Spiele für 13 bis 15 Monate

Wer will mit aufs Karussell?

Ab dem ersten Lebensmonat können Kinder auch dann Objekte mit den Augen verfolgen, wenn sie sich schnell bewegen.

So geht es

▶ Für dieses Spiel brauchen Sie einen Drehteller. Kleine Kinder haben großen Spaß daran, solche Drehteller in Bewegung zu setzen und zuzusehen, wie sie sich drehen.

▶ Legen Sie einen kleinen Gegenstand auf den Drehteller, und drehen Sie ihn. Beobachten Sie gemeinsam mit dem Kind, was mit dem Gegenstand auf der Platte passiert.

▶ Stellen Sie ein kleines Spielzeug auf den Drehteller, und befestigen Sie es mit Klebeband. Erklären Sie dem Kind, dass das Spielzeug eine Fahrt mit dem Karussell macht.

Randerscheinungen

Kleine Kinder finden dieses Spiel faszinierend
und trainieren dabei auf spielerische Weise ihre
Auge-Hand-Koordination.

So geht es

▶ Entfernen Sie den Deckel von einer großen Konservendose
oder einem anderen ähnlichen Behälter, und vergewissern Sie
sich, dass sich keine scharfen Kanten oder Metallsplitter am Rand
befinden. Kleben Sie sie gegebenenfalls mit Klebeband ab.

▶ Zeigen Sie dem Kind, wie man eine hölzerne Wäscheklammer
(ohne Metallfeder) auf den Rand der Dose steckt.

▶ Geben Sie ihm mehrere Wäscheklammern, um sie auf den Rand
zu stecken. Zeigen Sie ihm dann, wie es sie vom Rand abziehen und
in die Dose werfen kann.

Wie am Schnürchen

Wenn das Kind im Hochstuhl sitzt, spielt es sicher gern
mit Spielsachen. Und wahrscheinlich wirft es sie auch
gern auf den Boden.

So geht es

▶ Knoten Sie an einige Spielsachen eine Schnur.
Ein Ende der Schnur knoten Sie dann an die Ablage
des Hochstuhls. So kann das Kind mit dem Spielzeug spielen,
ohne dass es auf den Boden fällt.

Sicherheitstipp

Die Schnur darf nicht zu lang sein, sonst besteht die Gefahr,
dass das Kind sie sich um den Hals legt.
Beobachten Sie, wie das Kind
versucht, ein Spielzeug wiederzu-
bekommen, das ihm von der Ablage
gerutscht ist. Findet es heraus,
dass es dazu an der Schnur
ziehen muss?

Spiele für 13 bis 15 Monate

Zum Zerreißen

Papier zu zerreißen, ist für kleine Kinder ein besonderes
Vergnügen.

So geht es

▶ Sammeln Sie alte Zeitschriften, Seidenpapier, Geschenkpapier und Folie. Jedes Material bietet ein anderes „Reiß-
erlebnis", das heißt, es fühlt sich anders an und klingt anders,
wenn man es zerreißt.

▶ Zeigen Sie dem Kind, wie man das Papier zerreißt und die Stücke
in einen Karton wirft. Da Kinder in diesem Alter dazu neigen, sich
Sachen in den Mund zu stecken, sollten Sie dabei in der Nähe
bleiben und das Kind gut beobachten.

▶ Knüllen Sie ein Stück Papier zu einem Ball zusammen, und werfen
Sie damit. Zeigen Sie dem Kind, wie das geht. Wenn es ihm nicht gelingt,
einen Ball zu formen, helfen Sie ihm. Lassen Sie es dann den Ball werfen.

Spaß mit essbaren Kleinigkeiten

Die große Neugier des Kindes und seine wachsenden
Fähigkeiten führen es zu immer neuen Erkenntnissen.

So geht es

▶ Setzen Sie das Kind in seinen Hochstuhl.

▶ Stecken Sie einen kleinen Keks oder etwas anderes festes
Essbares in ein Milchfläschchen mit enger Öffnung.

▶ Geben Sie dem Kind die Flasche, und ermuntern Sie es dazu,
den Keks herauszuholen.

Hinweis

Das Kind sollte erkennen,
dass es nicht mit den Fingern
an den Keks am Flaschenboden
herankommt, sondern die
Flasche umdrehen muss. Wenn
das Kind zu dieser Erkenntnis
gekommen ist, kann es versuchen, den Keks selbst in die
Flasche zu stecken und wieder
herauszuholen.

Ein einfaches Puzzle

In diesem Alter ist das räumliche Sehen des Kindes noch
nicht sehr gut entwickelt. Dieses Spiel unterstützt das Kind
bei der Entwicklung dieser Fähigkeit.

So geht es

▶ Suchen Sie Ausstechförmchen für Plätzchen oder Sand-
förmchen aus, die das Kind kennt und mag.

▶ Drücken Sie die Ausstechförmchen in eine Styroporplatte.
Nehmen Sie dabei für jedes Förmchen ein eigenes Stück Styropor.

▶ Schneiden Sie z.B. mit einem Cuttermesser vorsichtig an der
Umrisslinie entlang, die das Förmchen auf dem Styropor hinterlassen
hat. Dabei sollte der Rahmen nicht beschädigt werden. Geben Sie dem
Kind die ausgeschnittene Form und zeigen Sie ihm, wie man sie in den
Styropor-Rahmen steckt.

▶ Legen Sie die Rahmen und die ausgeschnittenen Formen auf einen
Tisch. Sehen Sie sich an, wie das Kind versucht, beides einander
zuzuordnen und dabei ganz konzentriert arbeitet.

▶ Wenn das Kind die Zuordnung von Rahmen und Puzzleteilen ohne
Probleme meistert, versuchen Sie es mit einer größeren Styroporplatte,
aus der Sie mehrere Puzzlestücke ausschneiden.

Erste Kritzeleien

Das Kritzeln fördert die Auge-Hand-Koordination, die ein
wesentliches Element in der Entwicklung eines kleinen
Kindes darstellt. Gemeinsame Kritzeleien machen Ihnen
und dem Kind sicher außerdem viel Spaß.

So geht es

▶ Setzen Sie sich mit dem Kind an einen Tisch, und breiten Sie
Malpapier aus. Legen Sie außerdem verschiedene Stifte bereit
(Wachsmalstifte, Kreide etc.). Falls Sie Buntstifte verwenden,
sollten diese aus Sicherheitsgründen vorne stumpf sein.

▶ Zeigen Sie dem Kind, wie es kritzeln kann, indem es einen Stift
mit der Spitze gegen das Papier drückt und dabei die Hand vor-
und zurückbewegt.

▶ Loben Sie die Kritzeleien, die das Kind malt. Heben Sie dabei
besondere Merkmale hervor: „Diese roten Linien in deinem Bild
gefallen mir."

Hinweis

Es kann passieren, dass sich das Kind nicht auf die Kritzeleien einlassen
möchte oder sich nicht sicher ist, was es mit den Materialien anfangen soll.
Zeichnen Sie in diesem Fall einen interessanten Umriss auf, und sagen Sie:
„Ich habe ein Bild gemalt. Malst du auch ein Bild?"

Immer rundherum

Mit 12 Monaten haben viele Kinder noch Probleme, das Gleichgewicht zu halten, z.B. beim Aufstehen. Bei diesem Spiel nimmt das Kind sich und seinen Körper einmal anders wahr und wird bei der Weiterentwicklung seines Gleichgewichtssinns unterstützt.

So geht es

▶ Wenn Sie sich mit dem Kind auf dem Arm im Kreis drehen, können Sie sich sicher sein, dass das Kind vor Vergnügen kreischt.

▶ Drehen Sie sich immer nur für einen kurzen Moment. Weder Ihnen noch dem Kind sollte schwindelig werden.

▶ Halten Sie das Kind so, dass Sie es in den Armen wiegen, oder lassen Sie es über Ihre Schulter sehen.

▶ Singen Sie beim Herumwirbeln. Welches Lied Sie aussuchen, ist dabei vollkommen egal. Alle Lieder sind bestens geeignet.

▶ Um den Gleichgewichtssinn des Kindes zu trainieren, stellen Sie es nach den Umdrehungen auf den Boden oder fordern es sogar auf, ein paar Schritte gehen. Seien Sie aufmerksam, ob das Kind nach den Umdrehungen das Gleichgewicht selbständig halten kann. Reichen Sie ihm gegebenenfalls Ihre Hand oder fangen Sie es auf, wenn es hinfällt, damit es sich nicht verletzt.

Was das Kind dabei lernt:
Spaß haben

Kuckuck im Karton

Dieses Spiel ist eine etwas andere Variante des bekannten und von Kindern geliebten „Kuckuck"-Spiels.

So geht es

▶ Für dieses Spiel brauchen Sie einen sehr großen Karton, in den das Kind hineinkrabbeln kann. Schneiden Sie an einer Seite ein Loch hinein. Es sollte so groß sein, dass Sie Ihren Kopf hindurchstecken können.

▶ Ermuntern Sie das Kind, in den Karton zu krabbeln.

▶ Spielen Sie das beliebte „Kuckuck"-Spiel: Sie hocken draußen, das Kind sitzt drinnen und einer von Ihnen steckt den Kopf durch das Loch und sagt: **„Kuckuck!"**

▶ Bauen Sie Spannung und freudige Erwartung auf, indem Sie sagen: **„Eins, zwei, drei … Kuckuck!"**

Tipp

Noch lustiger wird es, wenn Sie sich immer anders „verkleiden", bevor Sie den Kopf durch das Loch stecken. Binden Sie sich zum Beispiel einen Schal um den Kopf oder den Hals, setzen Sie eine Brille auf, oder machen Sie einfach eine lustige Grimasse.

Der Tunnel

Kleine Kinder sind sehr aktiv. Sie krabbeln unter Bänke
und Tische, klettern auf kleinere Möbel und toben sich aus
– auch ohne laufen zu können.

So geht es

▶ Bauen Sie aus Laken, Kissen und Kartons einen Tunnel, durch
den auch Sie krabbelnd hindurchpassen.

▶ Zeigen Sie dem Kind, wie es von einem zum anderen Ende
durch den Tunnel hindurchkrabbeln kann.

▶ Sagen Sie: „Lass uns durch den Tunnel krabbeln."
Machen Sie den Anfang, krabbeln Sie los, und ermuntern Sie das Kind,
Ihnen zu folgen.

▶ Während Sie mit dem Kind durch den Tunnel krabbeln, sagen Sie:
„Jetzt sind wir im Tunnel." Wenn Sie am anderen Ende wieder zum
Vorschein kommen, sagen Sie: „Jetzt sind wir draußen."

▶ Machen Sie kehrt und krabbeln
Sie zurück. Sagen Sie wieder:
„Jetzt sind wir im Tunnel."

45

Krabbeln und gehen

Auch wenn ein Kind schon die ersten Schritte macht und sich auf zwei Beinen fortbewegen kann, krabbelt es manchmal lieber, weil es dann schneller vorankommt.

So geht es

▶ Spielen Sie ein Spiel, bei dem das Kind gehen und krabbeln kann. Auf diese Weise übt es den aufrechten Gang, kann aber bei Bedarf auch auf seine Krabbelkünste zurückgreifen.

▶ Suchen Sie ein Lied aus, das das Kind besonders gern mag. Beliebte Kinderlieder sind „Alle meine Entchen", „Gretel, Pastetel" oder „Alle Vögel sind schon da".

▶ Beginnen Sie zu singen, und gehen Sie zu der Melodie des Liedes durch den Raum. Nehmen Sie das Kind dabei an die Hand. Nach der ersten Strophe gehen Sie zum Krabbeln über.

▶ Wechseln Sie im Laufe des Liedes immer wieder zwischen Gehen und Krabbeln. Das Kind wird wahrscheinlich schon nach kurzer Zeit von sich aus oft zwischen beiden Fortbewegungsarten wechseln wollen, weil es ihm solchen Spaß macht.

Internettipp

Auf der Seite **www.spiellieder.de** finden Sie die Texte der genannten Lieder und können sich die Melodien anhören.

Hoch und runter

Mit etwa 18 Monaten beginnen die meisten Kinder zu verstehen, was Gegensätze sind. Mit diesem Spiel sensibilisieren Sie das Kind für solche Zusammenhänge.

So geht es

▶ Setzen Sie das Kind so auf Ihren Schoß, dass es Sie ansehen kann.

▶ Halten Sie seine Händchen fest und ziehen Sie seine Ärmchen langsam in die Höhe. Dabei sagen Sie: „Nimm deine Arme ganz hoch."

▶ Führen Sie die Arme des Kindes daraufhin vorsichtig wieder nach unten und sagen Sie dabei: „Nimm deine Arme ganz runter."

▶ Wenn Sie diesen Wechsel von hoch und runter und umgekehrt ein paar Mal durchgespielt haben, sagen Sie zum Kind: „Mach deine Arme ganz hoch" bzw. „Mach deine Arme ganz runter". Beobachten Sie, ob das Kind Ihre Anweisungen versteht und die Hoch / runter-Bewegung schon ganz von alleine macht. Halten Sie es dabei immer gut fest.

Was das Kind dabei lernt:

Spaß haben

Kannst du mich fangen?

Kinder lieben dieses Spiel und wollen gar nicht mehr damit aufhören, wenn sie einmal angefangen haben.

So geht es

▶ Krabbeln Sie über den Boden, und sagen Sie zum Kind: „Kannst du mich fangen?"

▶ Krabbeln Sie hastig vor dem Kind her, scheinbar bemüht, ihm zu entkommen. Auf diese Weise ermuntern Sie es, Ihnen nachzukrabbeln. Lassen Sie sich von ihm einfangen.

▶ Tauschen Sie dann die Rollen, und sagen Sie: „Ich krieg dich!" Lassen Sie das Kind vorauskrabbeln.

▶ Wenn Sie das Kind eingefangen haben, nehmen Sie es fest in den Arm.

Kleine Spiele zum Großwerden ...

Wo ist das Küken?

Das Kind kann in diesem Alter Geräuschquellen schon gut lokalisieren. Mit diesem Spiel kann es diese Fähigkeit weiter stärken.

So geht es

▶ Erklären Sie dem Kind, dass Sie jetzt ein Küken sind, das piep, piep macht und sich jetzt versteckt.

▶ Verstecken Sie sich hinter einer Tür und sagen Sie: „Piep, piep, piep." Lassen Sie das Kind nach dem Küken suchen.

▶ Wenn das Kind Schwierigkeiten hat, Sie zu finden, strecken Sie Ihren Kopf oder einen Fuß hinter der Tür hervor, sodass es Sie sehen kann.

▶ Suchen Sie sich ein anderes Versteck, und wiederholen Sie das Spiel.

▶ Verwandeln Sie sich in ein anderes Tierbaby, z.B. in ein Kalb oder in eine kleine Ente. Ahmen Sie entsprechende Tierlaute nach.

Hinweis

Wenn Sie das Kind ein paar Mal haben suchen lassen, wird es die Rollen tauschen und sich selbst verstecken und piepsen, muhen oder quaken wollen.

Wo ist es?

Ab dem 1. Monat verstehen Kinder in der Regel sehr gut, was man zu ihnen sagt. Sie können einfache Aufforderungen umsetzen und Fragen wie „Wo ist der Stuhl?" verstehen.

So geht es

▶ Gehen Sie mit dem Kind durch einen Raum, und nennen Sie die Namen von Gegenständen, denen Sie auf Ihrem Rundgang begegnen. Verwenden Sie kurze, klare Sätze:

Das ist ein Stuhl.
Das ist ein Tisch.
Das ist die Tür.

▶ Fragen Sie das Kind: „Wo ist der Stuhl?", „Wo ist der Tisch?" usw., und lassen Sie es die Gegenstände im Raum zeigen und benennen.

Und noch einmal: Kuckuck!

Das „Kuckuck"-Spiel gibt es in unzähligen Varianten.
Vier finden Sie hier.

So geht es

▶ Halten Sie sich die Hand vor die Augen. Nehmen Sie
die Hand kurz weg, und sagen Sie dabei „Kuckuck".
Legen Sie dem Kind seine Hände über die Augen, und
fordern Sie es zum Mitspielen auf.

▶ Hängen Sie eine Decke zwischen Sie und das Kind.
Stecken Sie den Kopf an der Seite, am oberen und am unteren Rand
hervor. Sagen Sie jedes Mal **„Kuckuck!"**, bevor Ihr Kopf wieder
hinter der Decke verschwindet.

▶ Spielen Sie das „Kuckuck"-Spiel, indem Sie hinter einem großen
Stofftier, einer Puppe, einem Waschlappen oder einem Handtuch
hervorschauen.

▶ Legen Sie das Kind auf eine weiche Unterlage. Bedecken Sie es ganz
mit einer leichten Decke, heben Sie sie an einer Ecke an.
Linsen Sie darunter, und sagen Sie „Kuckuck!".

Geheimnisvolles Spielzeug

Bei diesem Spiel lernt das Kind, taktile und visuelle Eindrücke zu verknüpfen.

So geht es

▶ Legen Sie ein Spielzeug, das dem Kind vertraut ist, in einen Karton.

▶ Machen Sie in den Kartondeckel ein Loch, welches so groß ist, dass Sie mit Ihrer Hand in den Karton greifen können.

▶ Ermuntern Sie das Kind, seine Hand in den Karton zu stecken, um das Spielzeug darin zu befühlen. Dann stecken Sie selbst die Hand in den Karton und fühlen, was darin steckt.

▶ Wiederholen Sie dies ein paar Mal, sodass das Kind reichlich Gelegenheit hat, das Spielzeug zu befingern.

▶ Nehmen Sie das Spielzeug aus dem Karton, sodass das Kind es nicht sieht, und legen Sie es neben ein anderes Spielzeug auf den Boden.

▶ Zeigen Sie dem Kind die beiden Spielzeuge. Vielleicht kann es herausfinden, welches im Karton gelegen hat. Geben Sie ihm den Tipp, die Spielzeuge nicht nur anzusehen, sondern auch zu befühlen.

Puppenspiel

Bei diesem Spiel lösen alle Aufforderungen mit Sicherheit
irgendeine Reaktion beim Kind aus. Je mehr Spaß es an
den Anweisungen hat, desto differenzierter wird sein
Hörvermögen.

So geht es

▶ Geben Sie dem Kind seine Lieblingspuppe oder sein Lieblingsstofftier. Fragen Sie das Kind: „**Hat Lukas** (Name des Stofftiers
oder der Puppe) **vielleicht Hunger? Ist er/sie müde?**"

▶ Sagen Sie dem Kind, was es mit dem Stofftier oder der Puppe
machen soll:

○ Nimm ihn/sie in den Arm.
○ Wiege ihn/sie in den Armen.
○ Gib ihm/ihr etwas Milch zu trinken.
○ Kannst du ihn/sie baden?
○ Wechsle ihm/ihr die Windeln

Wo ist der Teddy?

Das Kind wird von diesem Spiel begeistert sein!

So geht es

▶ Nehmen Sie eine lange Kordel, und binden Sie ein Ende um Teddys Bauch. Verstecken Sie den Teddy in einem Schrank.

▶ Schließen Sie die Schranktür, und führen Sie den Rest der Kordel unter der Tür hindurch.

▶ Sagen Sie zu dem Kind: **„Komm, wir suchen den Teddy."** Helfen Sie ihm, die Kordel festzuhalten, und ihr bis zu Teddys Versteck zu folgen.

▶ Beim nächsten Durchgang verstecken Sie den Teddy an einem anderen Ort. Folgen Sie der Schnur.
Beschreiben Sie dabei, wo Sie hingehen, zum Beispiel **„Die Kordel führt hinter den Stuhl"** oder „Die Kordel führt unter den Teppich".

▶ Wenn Sie den Teddy in seinem Versteck aufgespürt haben, nehmen Sie ihn fest in den Arm und sagen:
„Oh, Teddy, wir sind ja so froh, dass wir dich gefunden haben!"

So tun, als ob!

Insbesondere, wenn das Kind etwas Neues lernen soll, ist
es eine gute Idee, ein Stofftier einzubeziehen, zu dem das
Kind eine Beziehung entwickelt hat, z.B. seinen Teddy.

So geht es

▶ Sprechen Sie das Kind und den Teddy an: „Paula (Name
des Kindes), **möchtest du etwas aus diesem Becher trinken?",**
„Teddy, möchtest du etwas aus diesem Becher trinken?"
Tun Sie so, als ob Sie dem Teddy etwas zu trinken geben.

Tipp

Kinder lieben Rollenspiele. Es gibt eine ganze Reihe von alltäglichen
Sachen, die Sie mit dem Teddy und dem Kind zusammen machen
können:

- ○ den Teddy in den Armen wiegen
- ○ dem Teddy einen Kuss geben
- ○ den Teddy an ausgestreckten Armen in die Höhe halten
- ○ den Teddy am Bauch kitzeln
- ○ dem Teddy sagen, dass er zum Abschied winken soll

Den Finger anlegen

Bei diesem Spiel lernt das Kind seinen Körper besser
kennen und beginnt, die Bezeichnungen der Körperteile
zu verinnerlichen.

So geht es

▶ Sagen Sie den folgenden Vers mit dem Kind gemeinsam auf:

Leg den Finger an den Kopf,
leg den Finger an den Kopf.
Eins und zwei und drei,
leg den Finger an den Kopf.

▶ Wiederholen Sie den Vers mit immer anderen Körperteilen.

▶ Wenn Sie meinen, dass das Kind mindestens drei oder vier Körperteile
sicher identifizieren kann, geben Sie ihm einen Teddy und ermuntern es,
den Finger an dieselben Körperteile am Teddy zu legen.

Hinweis

Wenn das Kind dieses Spiel mit dem Teddy spielen und die Bezeichnungen
der Körperteile auf ihn übertragen kann, hat es sie verstanden und
verinnerlicht.

Spiel mit Körperteilen

Spielen Sie dieses Spiel mit einem Kind, das gerade anfängt, Körperteile zu benennen.

So geht es

▶ Fassen Sie sich an die Ohren, und sagen Sie: „**Ich fasse an meine Ohren. Kannst du dir an die Ohren fassen?**"

▶ Geben Sie dem Kind Zeit, und wiederholen Sie gegebenenfalls die Frage noch einmal. Verfahren Sie auf die gleiche Weise mit Begriffen, die das Kind häufig hört (Hände, Finger, Füße etc.).

▶ Wenn Sie den Eindruck haben, dass das Kind weiterhin Interesse an dem Spiel hat, benutzen Sie Wörter, die das Kind nicht so häufig hört, z.B. Ellbogen, Kinn, Fußgelenk, Rücken usw. Ermuntern Sie es, die Wörter nachzusprechen. Wenn das Kind einen Körperteil berührt, von dem bisher nicht die Rede war, nennen Sie die Bezeichnung für diesen Körperteil, und machen Sie es ihm nach.

Variation

Singen Sie auch Lieder, in denen Körperteile vorkommen.
Das Lied „Adam hatte sieben Söhne" ist beispielsweise gut geeignet, um dieses Wortfeld zu festigen. Auf der Seite **www.ingeb.org** finden Sie unter der Kategorie „Volkslieder" Text und Melodie des Liedes „Adam hatte sieben Söhne".

Pusten

Geben Sie dem Kind immer neue Anreize für seine Sinne,
zum Beispiel mit diesem Spiel.

So geht es

▶ Setzen Sie das Kind auf Ihren Schoß und berühren Sie seine
Lippen. Sagen Sie dabei: „Lukas' (Name des Kindes) **Lippen.**"

▶ Nehmen Sie die Finger des Kindes und führen Sie sie an Ihre
Lippen. Sagen Sie dabei: „**Utas** (Nennen Sie Ihren Namen) **Lippen.**"

▶ Pusten Sie auf die Handfläche des Kindes.

▶ Legen Sie ein paar Seidenpapierschnipsel auf einen Tisch,
und zeigen Sie dem Kind, wie man sie über den Tisch pusten kann.
Ermuntern Sie das Kind, es Ihnen nachzumachen. Zählen Sie
bevor Sie beginnen: „**Eins, zwei, drei und pusten.**"

Planschvergnügen

Wasser und kleine Kinder scheinen einander magisch
anzuziehen.

So geht es

▶ Füllen Sie einen Eimer oder eine große Schüssel mit Wasser.

▶ Geben Sie dem Kind einen Waschlappen oder einen kleinen
Schwamm, Plastikteller und -becher, alte Löffel und andere
Sachen, und fordern Sie es auf, diese abzuwaschen.

Tipp

Im Freien finden sich noch viel mehr Sachen zum Abwaschen,
z.B. Gartentische und -stühle oder unterschiedlich geformte Steine.
Besonders interessant ist dabei, dass viele Steine ihre Farbe und ihre
Oberflächenstruktur verändern, wenn sie nass werden.

Sicherheitstipp

Lassen Sie das Kind nicht unbeaufsichtigt mit Wasser spielen.

Glückliche Füße

Geben Sie dem Kind Gelegenheit, Gras, Sand und andere
Arten von Untergrund mit seinen Füßen zu erkunden.
Auf diese Weise fördern Sie das Zusammenspiel von Auge
und Fuß.

So geht es

▶ Gehen Sie barfuß mit dem Kind über runde Kiesel. Sprechen
Sie mit ihm darüber, wie sich die Kiesel an den Füßen anfühlen.

▶ Gehen Sie barfuß mit dem Kind durch Sand. Fällt Ihnen auf,
dass Sie Ihren Körper auf den Kieseln anders halten als auf dem
Sand?

▶ Gehen Sie mit dem Kind auch barfuß über Kissen, Baumstämme,
Zement, Bauklötze und andere Oberflächen.

Hinweis

Mit jedem Wechsel des Bodens verändern
Sie Ihre Körperhaltung. Dieser Anpas-
sungsvorgang fördert den koordinierten
Einsatz von Augen und Füßen.

Kleine Spiele zum Großwerden ...

Hier ist ein Ball!

Dieses Spiel bereitet das Kind auf die Fähigkeit vor, Dinge nach ihrer Größe sortieren zu können. Sie spielen es am besten im Freien.

So geht es

▶ Nehmen Sie drei Bälle in unterschiedlichen Größen, und legen Sie sie nebeneinander auf den Boden. Die Bälle sollten klein, mittelgroß und groß sein.

▶ Zeigen Sie dem Kind die Bälle nacheinander. Rollen Sie sie über den Boden, und ermuntern Sie das Kind, sie zurückzuholen.

▶ Zeigen Sie dem Kind den kleinen Ball. Formen Sie aus Daumen und Zeigefinger einer Hand einen Kreis, und erklären Sie dem Kind: „Genau wie der kleine Ball."

▶ Zeigen Sie dem Kind den mittelgroßen Ball. Formen Sie aus beiden Daumen und Zeigefingern einen Kreis, und sagen Sie: „Genau wie der größere Ball."

▶ Zeigen Sie dem Kind den großen Ball. Formen Sie mit den Armen über dem Kopf einen großen Kreis, und sagen Sie: „Genau wie der größte Ball."

▶ Rollen Sie die Bälle wieder einen nach dem anderen über den Boden. Ermuntern Sie das Kind, sie zu Ihnen zurückzubringen.

Spiele für 13 bis 15 Monate

Ein Spaziergang

Kleine Kinder lieben dieses Spiel. Es fördert nicht nur
ihre sprachlichen Fähigkeiten, sondern bringt ihnen auch
ihre Umgebung näher.

So geht es

▶ Machen Sie mit dem Kind einen Spaziergang durch
Ihr Wohnviertel oder in der Umgebung der Einrichtung.
Wenn Sie an interessanten Sachen vorbeikommen, bleiben Sie
stehen und sprechen Sie mit ihnen.

▶ Sprechen Sie mit den Blumen, den Insekten, den Grashalmen.
Sagen Sie zum Beispiel: „Hallo, Gras. Ich heiße Claudia
(Nennen Sie Ihren Namen). **Wir machen einen Spaziergang
Tschüß, bis bald!"**

▶ Wiederholen Sie dies bei anderen Sachen am Wegesrand.

Spiele für 16 bis 18 Monate

Was das Kind dabei lernt:
Feinmotorik

Spiele für 16 bis 18 Monate

Ein Becher,
noch ein Becher ...

Dies ist ein wunderbares Spiel, mit dem Sie neben der Feinmotorik beim Kind auch die Denkfähigkeit des Problemlösens fördern können.

So geht es

▶ Suchen Sie ein paar kleine Pappbecher zusammen.

▶ Stecken Sie die Becher zu einem kleinen Turm ineinander, und nehmen Sie den Becherturm dann wieder auseinander. Lassen Sie das Kind dabei zusehen.

▶ Das Kind wird auch mit den Bechern spielen, sie ineinander stecken und wieder auseinandernehmen wollen.

▶ Wenn es dies eine Zeit lang getan hat, fügen Sie weitere Becher in anderen Formen und Größen hinzu. Beobachten Sie das Kind bei seinen Versuchen, herauszufinden, welcher Becher in einen anderen Becher hineinpasst.

Kleine Spiele zum Großwerden ...

Turmbau

Schon seit Jahrzehnten sind Bauklötze in nahezu jedem
Kinderzimmer zu finden. Aus den bunten und verschieden
geformten Klötzen lassen sich die schönsten Türme
zaubern.

So geht es

▶ Setzen Sie sich mit dem Kind auf den Boden.

▶ Legen Sie einen Bauklotz hin, und sagen Sie:
„Ich lege einen Bauklotz auf den Boden."

▶ Legen Sie einen zweiten Bauklotz darauf, und sagen Sie:
„Ich lege zwei Bauklötze auf den Boden."

▶ Machen Sie es ebenso mit einem dritten Bauklotz.

▶ Stoßen Sie den Turm um, und ermuntern Sie das Kind,
den Turm wieder aufzubauen – wenn nötig, mit Ihrer Hilfe!

Hinweis

Je besser das Kind seine Bewegungen koordinieren kann,
desto höher wird der Turm.

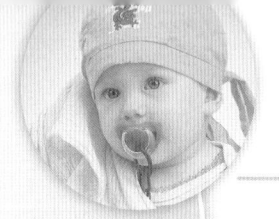

Einwegbausteine

Nicht nur mit handelsüblichen Holzbausteinen, auch mit selbstgebastelten Bausteinen lassen sich tolle Türme bauen.

So geht es

▶ Besorgen Sie quaderförmige Trinkpäckchen. Beziehen Sie die Trinkpäckchen mit Selbstklebefolie.

▶ Das Kind darf die Trinkpäckchen bemalen oder mit Stickern bekleben.

▶ Bauen Sie Trinkpäckchentürme mit dem Kind. Loben Sie es, wenn es ihm gelingt, einen Baustein auf einen anderen zu setzen.

▶ Den fertigen Turm umzustoßen macht am meisten Spaß.

Spielereien mit Jonglierbällen

Jonglierbälle sind wunderbare Spielzeuge für kleine Kinder. Sie sind weich und ungefährlich und regen die kindliche Kreativität an.

So geht es

▶ Probieren Sie gemeinsam mit dem Kind aus, was sich alles mit Jonglierbällen anstellen lässt, zum Beispiel:

- ○ damit werfen
- ○ einen Turm daraus bauen
- ○ auf dem Kopf balancieren
- ○ auf den Rücken oder Bauch legen
- ○ sich auf den Rücken legen, die Beine hochrecken und auf den Füßen einen Jonglierball balancieren
- ○ in Behälter werfen

... für 1-Jährige

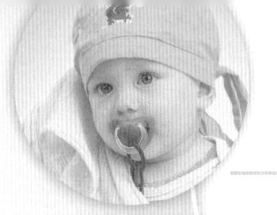

Spiele für 16 bis 18 Monate

Auf leisen Sohlen

Dieses Spiel macht richtig Spaß und das Kind wird nicht genug davon bekommen können.

So geht es

▶ Schleichen Sie mit dem Kind über den Boden. Zeigen Sie ihm, wie man sehr leise schleichen kann.

▶ Verteilen Sie mehrere Spielsachen auf dem Boden. Ermuntern Sie das Kind, sich an ein Spielzeug anzuschleichen und es mit den Worten **„Aufwachen, Schlafmütze!"** „aufzuwecken". Dabei klatscht es zusätzlich in die Hände.

▶ Verteilen Sie ein paar Stofftiere auf dem Boden. Zeigen Sie dem Kind, wie es sich anschleichen und den Tieren einen leichten Klaps auf den Kopf geben kann, um sie aufzuwecken. Sagen Sie gemeinsam: **„Aufwachen, ihr Schlafmützen!"**

▶ Tun Sie so, als seien Sie eines der Tiere. Ermuntern Sie das Kind, sich anzuschleichen, und Sie aufzuwecken.

Kleine Spiele zum Großwerden ...

Auf der Rolle

Das Kind ist ständig in Bewegung: Es krabbelt, läuft, klettert und rennt den ganzen Tag. Für dieses Spiel brauchen Sie viel Platz.

So geht es

▶ Zeigen Sie dem Kind, wie es sich über den Boden rollt. Machen Sie es ihm vor: Legen Sie sich auf den Boden, und rollen Sie von einer Seite des Raumes zur anderen. Das Kind wird begeistert sein und will es sicher gleich nachmachen.

▶ Spielen Sie das folgende Spiel: Legen Sie sich nebeneinander auf den Boden, und zählen Sie bis drei. Auf „**drei**" geben Sie mit gewaltiger Stimme das Kommando: „**Losrollen!**"
Machen Sie sich rollend auf den Weg zur anderen Seite des Raumes.

▶ Spielen Sie diese Variante des Fangenspiels: Rollen Sie hinter dem ebenfalls rollenden Kind her, und versuchen Sie, es zu fangen.

Hinweis

Achten Sie bei allen Aktivitäten darauf, beide Körperseiten gleichermaßen zum Zuge kommen zu lassen. Rollen Sie also möglichst in beide Richtungen. Selbst wenn Kinder in diesem Alter noch nicht verstehen, was mit „rechts" und „links" gemeint ist, können sie trotzdem wahrnehmen, dass ihr Körper zwei Seiten hat.

Spiele für 16 bis 18 Monate

Spiel mit zwei Füßen

Die Schritte des Kindes sind zu Beginn oft noch ziemlich zufällig – sowohl in der Länge als auch in der Richtung. Mit diesem Spiel fördern Sie seine Koordination.

So geht es

▶ Nehmen Sie das Kind bei der Hand, und singen Sie diesen Vers zu einer selbsterdachten Melodie:

Ich kann gehen auf zwei Füßen,
auf zwei Füßen, auf zwei Füßen.
Ich kann gehen auf zwei Füßen,
stundenlang.

▶ Machen Sie dazu die passenden Bewegungen. Diese ahmt das Kind dann nach.

▶ Bauen Sie auch andere Bewegungsarten für Füße ein:

Ich kann springen mit zwei Füßen …
Ich kann hopsen mit zwei Füßen …
Ich kann laufen auf zwei Füßen …
Ich kann stampfen mit zwei Füßen …
Ich kann schliddern auf zwei Füßen …
Ich kann tanzen auf zwei Füßen …

▶ Bewegen Sie auch andere Körperteile:

Ich kann zwinkern mit zwei Augen …
Ich kann nicken mit dem Kopf …
Ich kann zappeln mit zehn Fingern …

Zur Nachahmung empfohlen

Suchen Sie sich für dieses Spiel mindestens einen weiteren
Mitspieler, zusätzlich zu dem Kind und Ihnen.

So geht es

▶ Wählen Sie einen „Vormacher" aus. Alle Mitspieler setzen
sich dem Vormacher gegenüber. Nehmen Sie das Kind auf Ihren
Schoß, sodass es alles mitbekommt.

▶ Die Aufgabe des Vormachers ist es, mit seinen Fingern oder Zehen
eine einfache Bewegung zu machen, die das Kind ohne Probleme
nachmachen kann, z.B. schütteln, wackeln, greifen, leicht aneinander-
schlagen, kreisen etc.

▶ Ermuntern Sie das Kind, die Bewegung ebenso nachzumachen
wie die anderen Mitspieler.

▶ Nennen Sie den Namen des Vormachers, und sagen Sie, was er tut:
„Martin (nennen Sie den entsprechenden Namen) **wackelt mit dem
Finger.**"

▶ Dann wird die eine neue Bewegung vor- und nachgemacht.

Hinweis

Helfen Sie dem Kind, falls erforderlich, und führen Sie seine Finger oder
Füße, bis es die vorgemachte Bewegung allein nachmachen kann.

Es regnet Papier

Kleine Kinder haben großen Spaß daran, Papier zu
zerreißen. Sie erleben dabei ein Gefühl der Macht,
weil sie bestimmen, was mit dem Papier geschieht.

So geht es

▶ Geben Sie dem Kind ein paar Seiten aus einer Zeitschrift,
die Sie nicht mehr brauchen. Darauf sollten einige interessante
Bilder zu sehen sein.

▶ Sprechen Sie über die Bilder, und ermuntern Sie das Kind dann,
das Papier zu zerreißen. Womöglich beginnt es damit, noch bevor
Sie es vorschlagen.

▶ Wenn das Papier in kleine Fetzen zerteilt ist, sammeln Sie diese
in einem Behälter.

▶ Sagen Sie zu dem Kind: „Jetzt regnet es." Drehen Sie den Behälter
mit der Öffnung nach unten, und lassen Sie den „Papierregen"
herausrieseln.

▶ Singen Sie dabei **„Es regnet ohne Unterlass"** oder ein anderes
Regenlied.

▶ Sammeln Sie die Papierfetzen wieder ein, und lassen Sie es
erneut regnen.

Fünf Freunde

Mit diesem wunderbaren Fingerspiel kann das Kind seine Feinmotorik trainieren und außerdem noch jede Menge Spaß haben.

So geht es

▶ Setzen Sie das Kind auf Ihren Schoß. Bewegen Sie seine Finger passend zu folgendem Reim:

Fünf Freunde sitzen dicht an dicht.
Sie wärmen sich und frieren nicht.
(Eine Hand zur Faust ballen.)

Der erste sagt: „Ich muss jetzt gehen."
(Den kleinen Finger ausstrecken.)

Der zweite sagt: „Auf Wiedersehen!"
(Den Ringfinger ausstrecken.)

Der dritte will nun auch nach Haus.
(Den Mittelfinger ausstrecken.)

Der vierte läuft zur Tür hinaus.
(Den Zeigefinger ausstrecken.)

Der fünfte ruft: „He, ihr, ich frier!"
(Mit dem Daumen wackeln.)

Da wärmen ihn die anderen vier.
(Die Finger um den Daumen legen.)

73

Was das Kind dabei lernt:
Spaß haben

Eine kleine Spinne

In diesem Fingerspiel steckt Spaß für Sie und das Kind.

So geht es

▶ Krabbeln Sie mit den Fingern wie eine kleine Spinne über die Arme und Beine des Kindes, während Sie ihm diesen Reim vorsprechen:

Eine kleine Spinne krabbelt froh und munter.
(Krabbeln Sie mit den Fingern am Arm des Kindes hoch.)

Eine kleine Spinne stolpert und fällt runter.
(Krabbeln Sie schnell am Arm herunter.)

Eine kleine Spinne fällt und fällt, oh weh!
(Krabbeln Sie am Bein des Kindes herunter.)

Eine kleine Spinne landet auf deinem Zeh.
(Bleiben Sie mit den Fingern am großen Zeh des Kindes stehen.)

Kleine Spiele zum Großwerden ...

Schuhspaß

Mit diesem Schuhspiel fördern Sie nicht nur die Denkfähigkeit des Kindes. Es ermöglicht auch anschauliche Größenvergleiche.

So geht es

▶ Sammeln Sie von anderen Kindern oder Familienmitgliedern mehrere Paar Schuhe ein, und holen Sie auch die Schuhe des Kindes dazu.

▶ Legen Sie sie als Haufen auf den Boden. Sagen Sie bei jedem Schuhpaar, das Sie auf den Boden legen, wem es gehört. Sie werden an der Reaktion des Kindes merken, dass es seine eigenen Schuhe erkennt.

▶ Nun beginnt das eigentliche Schuhspiel: Bitten Sie das Kind, Ihnen ein ganz bestimmtes Paar Schuhe zu bringen: **„Bring mir bitte Leonies** (Namen eines entsprechenden Kindes) **Schuhe."**

▶ Nachdem das Kind die Schuhe gefunden hat, fordern Sie es auf, nach einem anderen Schuhpaar zu suchen.

Hinweis

Wenn das Kind Sie nicht versteht, gehen Sie zu dem Schuhhaufen, und suchen Sie einen der gewünschten Schuhe heraus.
Lassen Sie das Kind den zweiten Schuh des Paares suchen.

Gegensätze lernen

Hier finden Sie einige Vorschläge, mit deren Hilfe
das Kind auf spielerische Weise ein Verständnis für
Gegensätze entwickeln kann.

So geht es

Führen Sie gegensätzliche Bewegungen durch, während
Sie gegensätzliche Adjektive benennen. Zum Beispiel:

▶ Heben Sie das Kind hoch über Ihren Kopf, und sagen Sie:
„**Hoch.**" Lassen Sie es auf den Boden herunter, und sagen Sie:
„**Tief.**"

▶ Sagen Sie „**rauf**" und „**runter**", und bewegen Sie dabei seine
Arme nach oben und unten.

▶ Legen Sie einen Gegenstand in einen Behälter, und sagen Sie:
„**Rein.**" Nehmen Sie ihn wieder heraus und sagen Sie: „**Raus.**"

▶ Machen Sie eine Tür „**auf**" und wieder „**zu**".

Kleine Spiele zum Großwerden ...

Ein eigenes Puzzle

Kinder beschäftigen sich gerne mit Puzzles und schulen dabei ihre Auge-Hand-Koordination Ein Puzzle sollte für Kinder dieses Alters zunächst höchstens aus vier Teilen bestehen.

So geht es

▶ Geben Sie dem Kind einen großen Bogen Tonpapier (oder anderes festeres Papier) und einen dicken, stumpfen Buntstift oder einen Wachsmalstift. Ermuntern Sie es, auf dem Papier zu malen. Dabei sollte das Papier überall großflächig bemalt sein.

▶ Beziehen Sie sein Kunstwerk mit klarer Selbstklebefolie.

▶ Zerschneiden Sie das Papier in zwei oder drei Stücke, je nach Entwicklungsstand des Kindes.

▶ Geben Sie ihm die Puzzlestücke und helfen Sie ihm, sie zusammenzusetzen.

Einfaches Steckspiel

Das Kind wird von diesem einfachen, selbst gemachten Spielzeug begeistert sein.

So geht es

▶ Suchen Sie sich eine Kaffeedose mit Deckel. Kleben Sie alle scharfen Kanten mit Klebeband ab.

▶ Schneiden Sie einen Schlitz in den Deckel. Er sollte so groß sein, dass der Deckel von einem Breigläschen hindurchpasst.

▶ Sagen Sie: „Hier ist ein Deckel, den du in die Dose werfen kannst." Lassen Sie das Kind einige Breigläschendeckel durch den Schlitz im Deckel der Kaffeedose stecken. Kinder lieben das metallische „Klonk!", das dabei zu hören ist.

Tipp

Sie könnten die Deckel der Breigläschen auch mit rotem, gelbem oder blauem Bastelpapier bekleben. Geben Sie dem Kind die Deckel, und sagen Sie: „Hier ist ein blauer Deckel" oder „Hier ist ein roter Deckel".

Variation

Möglicherweise ist das Kind noch nicht so weit, dass es die Breigläschendeckel durch den Schlitz schieben kann. Dann hat es sicherlich seinen Spaß daran, diese in die geöffnete Dose zu werfen, statt sie durch den Schlitz zu schieben, und dann die Kaffeedose auszuleeren.

Das Tücherspiel

Bei diesem Spiel ist großes Gekicher garantiert!

So geht es

▶ Nehmen Sie eine Tücherbox, in der noch 15 – 20 Tücher
übrig sind.

▶ Geben Sie sie dem Kind, und lassen Sie es die restlichen
Tücher herausziehen.

▶ Nehmen Sie die Tücher, die das Kind herausgezogen hat,
und zeigen Sie ihm, wie man daraus Papierbälle formt.

▶ Legen Sie sie sich zum Beispiel auf den Kopf, und lassen Sie
sie herunterfallen. Legen Sie sie dem Kind auf den Kopf, und lachen
Sie mit, wenn die Bälle herunterpurzeln.

▶ Nehmen Sie so viele Papierbälle wie möglich in die Hand und
drücken Sie sie in der Handfläche zusammen. Sagen Sie: „Abrakadabra!",
und öffnen Sie die Hand, sodass die Bälle herausfallen.

▶ Überlegen Sie weitere Albernheiten, die man mit diesen Papierbällen
anstellen kann.

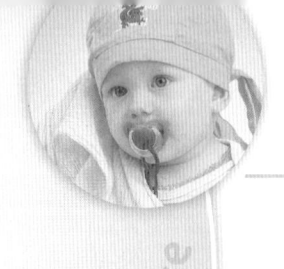

Kunstwerke

In diesem Alter benötigen Kinder beim Malen noch
Unterstützung. Dicke Stifte können Sie mit ihren kleinen
Händen besser greifen als dünne.

So geht es

▶ Kleben Sie mit Klebeband einen großen Bogen Papier
auf die Ablage des Hochstuhls oder auf eine Tischplatte.
Zeigen Sie dem Kind, wie man mit einem Wachsmalstift oder
dicken Buntstift malt.

▶ Lassen Sie das Kind ausprobieren, wie man mit dem Stift kritzeln
kann. Geben Sie ihm von Zeit zu Zeit einen Stift in einer anderen
Farbe. Benennen Sie dabei die Farbe.

▶ Wechseln Sie sich beim Malen ab. Malen Sie Wellenlinien auf
das Papier, und lassen Sie dann das Kind seine eigenen Linien und
Striche malen. Nach einiger Zeit wird das Kind versuchen, Ihre Linien
nachzuzeichnen.

Hinweis

Falls das Kind mit Buntstiften malt, sollten diese stumpf sein,
damit es sich nicht an der Spitze verletzen kann.

Ein Wörterbuch

Kinder in diesem Alter erweitern ihren Wortschatz jeden Tag. Manche Wörter sprechen Sie schon häufig, manchmal denken sie sie auch nur. Sie verstehen aber schon eine ganze Reihe von Wörtern.

So geht es

▶ Suchen Sie Bilder zu den Lieblingswörtern des Kindes, z.B. ein Bild von einem Auto, einem Hund usw.

▶ Zeigen Sie dem Kind die Bilder und stellen Sie ihm dazu Fragen.

▶ Kleben Sie jedes Bild auf ein Stück Papier, und basteln Sie daraus ein kleines Buch. Das Kind wird sein ganz eigenes Wörterbuch mit großem Vergnügen ansehen – allein oder mit Ihnen zusammen.

Reklame

Bevor Sie Werbepost wegwerfen, mit der Sie zum Kauf
von Heizdecken oder Kreuzfahrten überredet werden
sollen, verwahren Sie sie für ein Spiel mit dem Kind.

So geht es

▶ Geben Sie dem Kind Werbebriefe, und fordern Sie es auf,
diese zu öffnen. Einen Briefumschlag zu öffnen ist nicht nur
eine ziemlich knifflige und spannende Sache für ein kleines Kind,
sondern trainiert zugleich seine Feinmotorik.

▶ Lassen Sie das Kind die Werbebriefe auseinanderfalten.
Betrachten Sie anschließend gemeinsam die bunten Bilder, und
sprechen Sie darüber. Dies ist eine gute Wortschatzübung!

Tipp

Viele Kinder finden in Werbeprospekten Bilder, die ihnen gefallen,
und die sie aufbewahren möchten. Basteln Sie dem Kind einen Kasten
für seine Lieblingspost.

Lückentext

Die meisten Kinder in diesem Alter können ein paar
Wörter sagen, zum Beispiel „Papa", „Mama" oder den
eigenen Namen. Außerdem finden sie es toll, ihren eigenen
Namen in einer Geschichte zu hören.

So geht es

▶ Erfinden Sie eine Geschichte, in der der Name des Kindes
vorkommt. Machen Sie nach einiger Zeit eine Pause, statt den
Namen des Kindes zu nennen, und lassen Sie es die Lücke selbst
mit seinem Namen füllen.

▶ Beispiel: „Es war einmal ein kleiner Junge, der hieß Felix
(Name des Kindes). **Dieser kleine Junge namens Felix ging in
die Küche. Es war Zeit zum Mittagessen."**

▶ Spinnen Sie die Geschichte immer weiter. Verwenden Sie immer
wieder die Formulierung **„der kleine Junge namens ..."** als Hinweis
für das Kind, seinen Text zu sprechen.

Spiele für 16 bis 18 Monate

Megafon

Dieses Spiel spielen Sie am besten im Freien, wo Sie nach Herzenslust brüllen können.

So geht es

▶ Basteln Sie ein Megafon aus einem großen Bogen Papier: Rollen Sie das Papier zu einem Kegel, und befestigen Sie die Kanten mit Klebeband.

▶ Setzen Sie sich zum Kind, und sprechen Sie laut in das Megafon: „Hallo, alle zusammen. Wie geht's?" Geben Sie das Megafon nun an das Kind weiter, und ermuntern Sie es, ganz laut in das Megafon sprechen.

▶ Nun nehmen Sie die „Flüstertüte" wieder zurück und wiederholen Ihre Worte. Diesmal sprechen Sie aber ganz leise. Geben Sie das Megafon dem Kind und ermuntern Sie es, leise hineinzusprechen.

▶ Sprechen Sie Wörter, die zum Repertoire des Kindes gehören, zum Beispiel: Mama, Papa, Auto, Ball, Bus, Hallo etc.

▶ Setzen Sie das Spiel auf diese Weise fort. Sprechen Sie ein Wort in das Megafon, geben Sie es an das Kind weiter, und lassen Sie es hineinsprechen.

Spaß im Auto

Musik ist ein gutes Mittel, um einen Spaziergang oder eine Autofahrt interessant zu gestalten.

So geht es

▶ Singen Sie unterwegs die Lieblingslieder des Kindes, oder spielen Sie im Auto seine Lieblings-CD ab.

▶ Wenn das Kind ein Lied oder ein Kindergedicht gut kennt, können Sie es singen oder aufsagen und dabei ein Wort am Zeilenende auslassen, z.B. „**Alle meine** … „ oder „Backe, backe …".

▶ Wenn das Kind das fehlende Wort ergänzen kann, machen Sie ihm vor, wie man es immer wieder anders klingen lassen kann, indem man es z.B. mal laut und mal leise singt.

▶ Probieren Sie dann eine etwas schwierigere Variante: Singen Sie ein bekanntes Lied, und lassen Sie diesmal ein Wort in der Mitte einer Zeile statt am Ende weg.

85

Spiele für 16 bis 18 Monate

Ich schaue aus dem Fenster

Mit diesem Spiel ermuntern Sie das Kind, während
eines Spaziergangs oder einer Autofahrt nach bestimmten
Sachen Ausschau zu halten.

So geht es

▶ Sprechen Sie den folgenden Vers während eines Spaziergangs:

Ich schaue durch die Gegend,
ich schaue durch die Gegend,
ich schaue durch die Gegend
und das ist, was ich seh'.

▶ Bei Autofahrten können Sie den Vers ein wenig abwandeln.

Ich schaue aus dem Fenster, …

▶ Nach dem letzten Vers – „Und das ist, was ich seh'" – sagen Sie zum
Beispiel: „Ich sehe ein Auto." Fragen Sie das Kind: „Siehst du das Auto?"

▶ Wiederholen Sie den Reim, und nennen Sie weitere Dinge, die Sie sehen,
zum Beispiel Straßen, Leute, Tiere, Farben usw.

Ein „Kuckuck"- Spiel für unterwegs

Bis zum Alter von ungefähr drei Jahren haben die meisten Kinder Spaß am „Kuckuck"-Spiel. Diese Variante ist besonders für unterwegs geeignet und trainiert die visuellen Fähigkeiten des Kindes.

So geht es

▶ Spielen Sie „Kuckuck" mit Sachen, die Sie auf einem Spaziergang dabei haben (z.B. mit einer Jacke, einem Regenschirm, einer Tasche etc.).

▶ Schlagen Sie andere Sachen vor, denen Sie begegnen wie Bäume, eine Brücke, eine Hecke etc. Sagen Sie zum Beispiel: **„Spiel ‚Kuckuck'** **mit dem Baum."**

Gespräche
unter Fingern

Dieses Spiel können Sie auf einem Spaziergang,
im Wartezimmer einer Arztpraxis oder auf dem Außengelände der Einrichtung machen und dabei die sprachlichen
Fähigkeiten des Kindes fördern.

So geht es

▶ Nehmen Sie einen ungiftigen Filzstift, und malen Sie auf
jeden Daumen des Kindes ein Gesicht. Geben Sie den Daumengesichtern Namen, damit Sie sich mit ihnen unterhalten können. Sagen
Sie zum Beispiel: „Hallo, Kleiner!" oder „Wie geht es dir, Tom?"

▶ Sprechen Sie mit den Daumengesichtern. Das Kind kann entweder
antworten oder einfach mit den Daumen wackeln. Es folgen einige
Vorschläge dazu, wie Sie mit den Daumen ins Gespräch kommen können:

Siehst du das rote Auto da drüben?
Sieh dir mal diese schönen Bäume an.
Rot heißt Stopp und grün heißt fahren.

Variante

Sie können sich ebenfalls Gesichter auf die Daumen malen und sie beim
Sprechen wie Puppen hin und her wackeln lassen. Die Daumengesichter
können Anweisungen geben, Fragen stellen oder Lieder singen.

Überraschung!

Einfache Dinge lassen sich schnell in raffiniertes Spielzeug verwandeln. Basteln Sie ein überraschendes Spielzeug für das Kind.

So geht es

▶ Bohren Sie ein Loch in den Boden eines Pappbechers.

▶ Schneiden Sie aus festem Fotokarton einen Kreis aus, der senkrecht in den Becher passt und bis zum Becherboden geschoben werden kann. Malen Sie ein Gesicht auf den Kreis. Kleben Sie den Kreis dann an ein Ende eines Trinkhalms.

▶ Schieben Sie einen Trinkhalm von oben durch das Loch, sodass sich das Gesicht auf der Innenseite des Bechers befindet.

▶ Zeigen Sie dem Kind, wie man an dem Trinkhalm zieht und so das Gesicht verschwinden und wieder zum Vorschein kommen lässt.

Ein Blick
durchs Fenster

Dieses Spiel zeigt, wie viel Spaß es macht, mit einem
umgestalteten Pappkarton zu experimentieren.

So geht es

▶ Schneiden Sie zwei Löcher in eine Seite eines Schuhkartons.
Sie sollten dicht beieinander sein, dass das Kind mit je einem
Auge durch ein Loch sehen kann. Schneiden Sie außerdem auf
der gegenüberliegenden Seite ein „Fenster" in den Karton.

▶ Zeigen Sie dem Kind, wie man durch die beiden Gucklöcher
sehen kann.

▶ Während das Kind durch die Löcher schaut, sehen Sie durch
das Fenster auf der anderen Seite. Wie lustig, dass dort plötzlich
ein bekanntes Gesicht auftaucht!

▶ Lassen Sie einen Ihrer Finger im Fenster auftauchen, und wackeln
Sie damit hin und her, während das Kind durch die Gucklöcher späht.

▶ Es dauert sicher nicht lange, bis das Kind in der Lage ist, durch die
Gucklöcher zu schauen und gleichzeitig von der anderen Seite aus
Sachen durch das Fenster in den Karton zu schieben.

Tschu, tschu, der Zug kommt

Auch wenn das Kind die unterschiedlichen Verkehrsmittel noch nicht kennt, wird es Spaß an diesem Spiel haben – besonders an den Geräuschen, die Sie dabei machen!

So geht es

▶ Breiten Sie ein großes Badelaken oder eine Decke auf dem Boden aus.

▶ Setzen Sie das Kind auf das Badelaken bzw. die Decke, und ziehen Sie es darauf langsam über den Boden.

▶ Tun Sie beide so, als wäre das Kind mit einem Auto, einem Zug oder einem Flugzeug unterwegs. Machen Sie die entsprechenden Geräusche, z.B. „Tschu, tschu" beim Zug.

Eine erstaunliche Entdeckung

Im Alter zwischen ein und zwei Jahren finden Kinder
es spannend, verschiedene Körperteile zu identifizieren.
Ihre erstaunlichste Entdeckung dabei ist die Erkenntnis,
dass sie ein Mensch wie Sie und andere Erwachsene in ihrer
Umgebung sind.

So geht es

▶ Stellen Sie sich mit dem Kind vor einen Spiegel.

▶ Zeigen Sie auf seine Nase, und sagen Sie: **„Hier ist deine Nase."**
Dann zeigen Sie auf Ihre eigene Nase und sagen: **„Das ist meine
Nase."**

▶ Drehen Sie das Kind so, dass es Sie ansieht, und ermuntern Sie es,
Ihre Nase anzufassen. Wenn es sie anfasst, sagen Sie: **„Du hast auch
eine Nase, genau wie ich."**

▶ Setzen Sie dieses Spiel mit anderen Körperteilen fort.

Kleine Spiele zum Großwerden ...

Geben und nehmen

Bereits im Alter von 18 Monaten haben sich die meisten Kinder zu sozialen Wesen entwickelt. Bieten Sie dem Kind Situationen an, in denen es soziale Handlungen erproben kann.

So geht es

▶ Setzen Sie sich dem Kind gegenüber auf den Boden.

▶ Geben Sie ihm einen Gegenstand, z.B. sein Lieblingsspielzeug. Sagen Sie: „Das ist für dich."

▶ Nachdem das Kind Gelegenheit hatte, das Spielzeug zu untersuchen, sagen Sie: „Kannst du es mir bitte wiedergeben?" Strecken Sie die Hand nach dem Spielzeug aus, um Ihre Bitte noch verständlicher zu machen.

▶ Wenn das Kind Ihnen das Spielzeug gegeben hat, wiederholen Sie das Spiel.

93

Wo ist der Hase?

Die meisten Kinder verstehen die Objektpermanenz bereits vor dem zweiten Lebensjahr. Das bedeutet, sie wissen, dass Dinge weiterhin existieren, auch wenn man sie gerade nicht sieht. Mit diesem Spiel können Sie diese Fähigkeit festigen.

So geht es

▶ Verstecken Sie ein Lieblingsspielzeug des Kindes (z.B. ein Stofftier). Lassen Sie das Kind dabei zusehen.

▶ Fragen Sie das Kind: „Wo ist der Hase (Name des versteckten Spielzeugs)?" Ermuntern Sie es, nach dem Spielzeug zu suchen und es Ihnen zu geben.

▶ Suchen Sie ein anderes Versteck für das Spielzeug. Lassen Sie das Kind wieder zusehen, und fragen Sie erneut, wo das Stofftier ist.

▶ Fragen Sie dann: „Und wo sollen wir den Hasen jetzt verstecken?" Das Kind wird zunächst die Verstecke nehmen, die Sie ausgewählt haben. Später wird es sich selbst neue Verstecke ausdenken.

Variante

Machen Sie die Aufgabe schwieriger, indem Sie weitere Gegenstände verstecken. Verteilen Sie z.B. einen Stoffhasen, eine Mütze und einen Baustein auf unterschiedliche Verstecke im Raum, und bitten Sie das Kind, nach der Mütze zu suchen.

Wo ist das Spielzeug?

Dieses Spiel erfordert Schnelligkeit – nicht nur vom Kind!

So geht es

▶ Breiten Sie zwei Tücher vor dem Kind aus. Unter einem der Tücher verstecken Sie ein Spielzeug, z.B. einen Ball.

▶ Fragen Sie das Kind: „Wo ist der Ball?" Schauen Sie zunächst unter das Handtuch, unter welchem das Spielzeug nicht versteckt ist. Heben Sie dann das Handtuch hoch, unter dem der Ball versteckt ist.

▶ Wiederholen Sie diesen Ablauf mehrmals, wobei Sie das Handtuch, unter welchem Sie zuerst suchen, immer variieren. Sie werden sehen, dass das Kind nach kurzer Zeit schneller ist als Sie und das richtige Handtuch hochhebt, bevor Sie zupacken können.

Variante

Legen Sie ein drittes Handtuch dazu. So gestalten Sie das Spiel ein bisschen schwieriger.

Tiere überall

Das räumliche Sehen ist bei Kindern dieses Alters noch
nicht voll entwickelt. Mit diesem Spiel kann es jedoch
schon wichtige Erfahrungen für die Entwicklung dieser
Fähigkeit sammeln.

So geht es

▶ Setzen Sie sich neben das Kind auf den Boden, und stellen Sie
einen Karton vor Sie und das Kind.

▶ Nehmen Sie ein Stofftier, und setzen Sie es neben den Karton.
Erklären Sie dem Kind, dass Sie das Tier neben den Karton setzen.

▶ Bitten Sie das Kind nun, Ihnen das Spielzeug zu geben, das
neben dem Karton steht.

▶ Wiederholen Sie das Spiel auf diese Weise. Setzen Sie aber das Stofftier
immer an eine andere Stelle: vor den Karton, hinter den Karton …
Sagen Sie dem Kind dabei genau, wo sich das Stofftier befindet.

▶ Geben Sie das Stofftier nun dem Kind mit der Bitte, es an unterschiedliche Stellen rings um den Karton zu setzen. Wählen Sie dazu einfache
Beschreibungen wie z.B. „Setze das Stofftier (deinen Teddy) neben/vor/
hinter/auf/unter den Karton".

▶ Wenn Sie den Eindruck haben, dass das Kind diese Aufgabe ohne
Schwierigkeiten lösen kann, stellen Sie weitere Kartons dazu, um die
Sache etwas schwieriger zu gestalten. Die Kartons sollten sich leicht
von der Farbe oder Größe her unterscheiden lassen, damit das Kind
eindeutig zuordnen kann, welchen Karton Sie meinen.

Leer und voll

Das Kind beginnt ab dem 18. Monat, allmählich zu verstehen, was Gegensätze sind. Dieses Spiel ist eine sinnvolle Vorübung auf diesen Entwicklungsschritt.

So geht es

▶ Stellen Sie zwei große Behälter (z.B. Eimer oder große Plastikschüsseln) an gegenüberliegenden Seiten eines Raumes auf.

▶ Füllen Sie einen der Behälter mit kleinen Spielsachen.

▶ Besorgen Sie einen dritten Behälter, den ein kleines Kind problemlos tragen kann, z.B. einen Korb mit Henkel.

▶ Zeigen Sie dem Kind, wie es die Spielsachen aus dem vollen Behälter herausnehmen und in den Korb legen kann. Den Korb trägt es dann quer durch den Raum und schüttet den Inhalt in den leeren Behälter.

▶ Vielleicht braucht es mehr als eine Tour, um alle Spielsachen vom einen in den anderen Behälter zu befördern. Wenn der Behälter, in dem die Spielsachen ursprünglich lagen, leer ist, sagen Sie: „Alles weg!"

▶ Wiederholen Sie die Aktivität. Wenn es dem Kind gelingt, einen Behälter leer zu machen, sagen Sie: „Alles weg!"

Hinweis

Wenn Sie das Spiel ein paar Mal wiederholt haben, verwenden Sie dabei die Begriffe „leer" und „voll".

Spiele für 16 bis 18 Monate

Anweisungen verstehen

Anweisungen zu folgen, fällt kleinen Kindern schwer,
weil sie zuhören und gleichzeitig etwas tun müssen.
Beim Spiel mit Puppen können sie diese Fähigkeit gut üben.

So geht es

▶ Geben Sie dem Kind seine Lieblingspuppe oder sein
Lieblingstier, und fragen Sie es nach verschiedenen Körperteilen:
„Wo ist der Kopf der Puppe? Wo sind ihre Ohren, ihre Beine
und ihr Bauch?"

▶ Fordern Sie das Kind dazu auf, verschiedene Dinge mit der Puppe
zu machen:

Kämm der Puppe die Haare.
Kitzle die Puppe am Bauch.
Wasch der Puppe das Gesicht.
Putz der Puppe die Zähne.

Hinweis

Das Kind trainiert auf diese Weise nicht nur seine Fähigkeit zuzuhören,
sondern gibt auch die Erfahrung von Fürsorglichkeit und Geborgenheit
weiter, die es selbst als Kind macht.

Eine Handtasche als Fundgrube

Einige der besten Spielsachen haben Sie zu Hause herumliegen. Kleine Kinder haben eine große Vorliebe für Handtaschen und untersuchen sie mit erstaunlicher Ausdauer.

So geht es

▶ Stecken Sie Dinge, die das Kind kennt, in eine leere Handtasche, z.B. einen Schlüssel, einen Kamm, ein Brillengestell (ohne Gläser) und eine Geldbörse.

▶ Geben Sie dem Kind einen Suchauftrag. Sagen Sie z.B.: „Gibst du mir bitte die Autoschlüssel?"

▶ Wenn das Kind den gewünschten Gegenstand findet, sparen Sie nicht mit Lob.

Eine Schaukel für den Teddy

Kinder haben großen Spaß an diesem Spiel. Gleichzeitig können Sie den Zusammenhang von Ursache und Wirkung erleben.

So geht es

▶ Binden Sie dem Teddy oder einem anderen Stofftier eine Kordel um den Oberkörper.

▶ Binden Sie die überstehenden Kordelenden um einen Ast, sodass der Teddy etwa einen halben Meter über dem Boden baumelt.

▶ Zeigen Sie dem Kind, wie es den Teddy vorsichtig anschubst, sodass er schaukelt.

Hinweis

Schon bald beginnt das Kind zu begreifen, dass es einen Zusammenhang zwischen seinem Anschubsen und der Schaukelbewegung des Teddys gibt.

Meins und deins

Manche Leute behaupten, Kleinkinder handelten nach
der Philosophie „Was meins ist, ist meins, was deins ist,
ist meins, was seins ist, ist meins." Dieses Spiel ist eine
sanfte Lektion in Sachen „mein und dein".

So geht es

▶ Suchen Sie Sachen zusammen, die Ihnen gehören,
z.B. Ihre Handtasche, Ihren Kamm und Ihren Schlüsselbund.
Mischen Sie sie mit Sachen, die dem Kind gehören.

▶ Fragen Sie das Kind: **„Kannst du mir bitte meine Schlüssel
geben?"** Wenn es Ihnen die Schlüssel reicht, sagen Sie:
„Danke. Das sind meine Schlüssel. Sie gehören mir."

▶ Dann geben Sie dem Kind eines seiner Spielzeuge und sagen:
„Das ist deine Puppe. Sie gehört dir."

▶ Verfahren Sie mit den anderen Gegenständen ebenso.

Hinweis

Den Unterschied zwischen Mein und Dein zu lernen ist schwierig.
Sie können dem Kind aber helfen, indem Sie ihm ganz deutlich sagen,
welche Sachen auf jeden Fall ihm und welche Ihnen gehören.

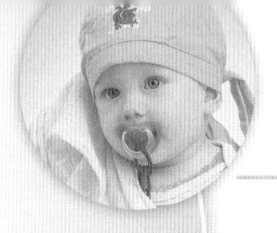

Spiele für 16 bis 18 Monate

Hallo, wer da?

Das beste Sprachtraining für das Kind ist die Erprobung
seiner sprachlichen Fähigkeiten in unterschiedlichen
Sprachhandlungsituationen.

So geht es

▶ Besorgen Sie sich ein Telefon, mit dem das Kind sowohl
allein als auch mit Ihnen spielen kann.

▶ Tun Sie so, als würde das Telefon läuten: Sagen Sie:
„Brrrr, brrrr" und gehen Sie dran.

▶ Sprechen Sie mit Ihrem imaginären Gesprächspartner.
(Nehmen Sie jemanden, den das Kind kennt, z.B. die Großeltern
oder einen Freund). Erklären Sie dem Kind gleichzeitig, wer am Apparat
ist. Sagen Sie: „Hallo, Opa", und dann zu dem Kind gewandt:
„Opa ist am Telefon."

▶ Sprechen Sie über etwas Besonderes, was Sie unternommen haben,
über einen Besuch, ein spezielles Essen oder vielleicht über Pläne für den
Tag. Achten Sie darauf, dass das Kind versteht, um welche Themen es geht.

▶ Dann sagen Sie „Auf Wiederhören" und legen den Hörer auf.

▶ Geben Sie dem Kind das Telefon, und ermuntern Sie es, eine Unterhaltung mit einem imaginären Gesprächspartner zu führen.

„Auto fahren"

In ihrem zweiten Lebensjahr zeigen die sprachlichen
Äußerungen der Kinder mehr und mehr Ähnlichkeit mit
den sprachlichen Strukturen ihrer Muttersprache. Wörter
und kurze Sätze spiegeln eine spannende Entwicklung ihrer
Denkweise wider. Sie lernen jetzt auch, Nomen und Verben
miteinander zu sogenannten Zweiwortsätzen zu verbinden,
z.B. „Buch lesen", „Ball spielen" und „Auto fahren".

So geht es

▶ Setzen Sie sich mit Ihrem Kind auf den Boden, und stellen Sie
ein Spielzeug vor sich und das Kind.

▶ Überlegen Sie sich Tätigkeitswörter, die zu diesem Spielzeug
passen, und machen Sie dem Kind diese Tätigkeiten vor.
Beginnen Sie z.B. mit einem Auto oder einem Laster.

▶ Beispiele:
„Auto fahren" – das Auto über den Boden schieben
„Auto wenden" – das Auto in eine andere Richtung fahren lassen
„Auto umfallen" – das Auto sachte umstoßen
„Auto langsam fahren" – das Auto langsam über den Boden schieben

▶ Spielen Sie das Spiel mit weiteren Spielsachen, z.B. Stofftieren,
Bausteinen etc.

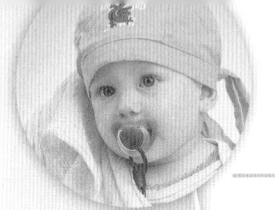

Handpuppenspiel

Eine kleine Handpuppe eröffnet viele Spielmöglichkeiten
für Sie und das Kind. Wenn Sie eine Zeit lang gemeinsam
gespielt haben, werden Sie feststellen, dass das Kind solche
Spiele aufgreift und sie allein spielt.

So geht es

▶ Streifen Sie sich die Handpuppe über. Lassen Sie die Handpuppe mit verstellter Stimme sprechen und dem Kind Fragen
stellen wie: „Wie heißt du?" oder „Kannst zu mir zuwinken?"

▶ Geben Sie nach einiger Zeit die Puppe an das Kind weiter.
Machen Sie Spielvorschläge wie „Kann die Puppe sich hinlegen?",
„Kann die Puppe einschlafen?", „Kann die Puppe herumhüpfen?"

Wo kommt das her?

In diesem Alter sind Kinder in der Lage, Geräuschquellen ausfindig zu machen.

So geht es

▶ Verstecken Sie, ohne dass das Kind es mitbekommt, ein Quietschspielzeug unter einem Sofa- oder Stuhlkissen.

▶ Schieben Sie Ihre Hand unter das Kissen, und erzeugen Sie mit dem Spielzeug ein Quietsch-Geräusch.

▶ Wenn Sie merken, dass das Kind aufhorcht oder nach der Geräuschquelle sucht, quietschen Sie weiter, bis es das Versteck entdeckt.

▶ Wenn das Kind das Spielzeug gefunden hat, sagen Sie: „Quietsch, quietsch!" Dann lassen Sie wieder das typische Quietschen erklingen.

▶ Fordern Sie das Kind dazu auf, das Spielzeug quietschen zu lassen, indem Sie sagen „Mach du mal quietsch. quietsch!" Wenn das Kind nicht versteht, was es tun soll, führen Sie seine Hand zu dem Spielzeug und sagen noch einmal: „Quietsch, quietsch."

Hinweis

Es könnte passieren, dass das Kind zunächst mit Verwirrung auf das Quietschen des versteckten Spielzeugs reagiert. Zeigen Sie ihm dann das Spielzeug, und lassen Sie es dabei zusehen, wie Sie es wieder verstecken.

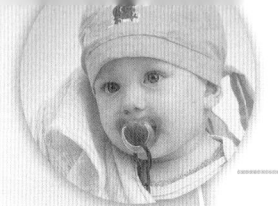

Teddybärschnitten

Laden Sie das Kind und seinen Teddy zum Essen ein.

So geht es

▶ Stechen Sie mit dem Kind zusammen große Herzen aus Vollkornbrotschnitten aus. Verwenden Sie dazu große herzförmige Ausstechförmchen.

▶ Schneiden Sie das spitze Ende der Herzen ab. Was übrig bleibt, sieht aus wie ein Teddybärengesicht.

▶ Bestreichen Sie die Gesichter z.B. mit Butter.

▶ Legen Sie Gurkenscheiben oder andere gesunde Verzierungen als Augen, Mund und Nase darauf.

Hinterm Hause Nummer 3

Im zweiten Lebensjahr verstehen die Kinder schon vieles
von dem, was Sie sagen, auch wenn sie selbst noch nicht
so viel und gut sprechen.

So geht es

▶ Denken Sie sich zu diesem hübschen Vers eine Melodie
aus, und sagen Sie ihn auf. Stellen Sie allerlei kleine, gesunde
Naschereien (z.B. Vollkornkekse) auf den Tisch, die Sie dem Kind
anbieten.

Hinterm Hause Nummer drei
ist die schöne Bäckerei.
Dort gibt's Torten, alle Sorten,
Zuckerbrezeln, süße Kuchen,
wollen Sie davon versuchen?
Danke sehr. Ich hätte gern
Gugelhupf und Mandelstern.

Tipp

Wenn das Kind diesen Vers gut kennt, können Sie versuchen, ihn
mit verteilten Rollen zu sprechen. Sie bieten dem Kind die Leckereien
an und fragen dabei: „Wollen Sie davon versuchen?"
Das Kind antwortet mit den letzten beiden Zeilen.

Spiele für 16 bis 18 Monate

Sieh doch mal genauer hin!

Mit 12 Monaten entgehen auch kleine Details nicht mehr dem kindlichen Blick. So können auch die Einzelheiten einer Orange eine ungemeine Faszination ausüben.

So geht es

▶ Setzen Sie sich mit dem Kind an einen Tisch, und erklären Sie ihm, dass Sie etwas Besonderes machen wollen.

▶ Nehmen Sie eine Orange in die Hand, und sprechen Sie über ihren Namen und ihre Farbe.

▶ Geben Sie dem Kind die Orange. Ermuntern Sie es, daran zu schnuppern und die Schale mit den Fingern zu erkunden. Sprechen Sie darüber, wie sie riecht und wie sie sich anfühlt.

▶ Schälen und zerteilen Sie die Orange, und zeigen Sie dem Kind die einzelnen Spalten.

▶ Geben Sie ihm eine Orangenspalte. Zeigen Sie ihm die Haut um das Fruchtfleisch und die Kerne.

▶ Essen Sie ein Stück, und fragen Sie das Kind, ob es auch davon probieren möchte.

Mit dem Löffel essen

Mit einem Löffel essen zu können, gehört zu den
wichtigen sozialen Kompetenzen, die sich Kinder in
diesem Alter aneignen. Nachdem es diese Übung mit
Ihnen gemacht hat, wird das Kind bald in der Lage sein,
einen Löffel in eine Schüssel mit Essen zu tauchen und
selbstständig zu essen.

So geht es

▶ Geben Sie dem Kind einen Löffel zum Spielen. Das Kind wird
damit herumhämmern, ihn fallen lassen und ihn wahrscheinlich
auch in den Mund nehmen.

▶ Nachdem das Kind mit dem Löffel experimentiert hat, zeigen Sie
ihm den gewöhnlichen Umgang damit: Legen Sie ein kleines Bananenstück darauf, und schieben Sie ihn sich in den Mund.

▶ Legen Sie dann ein kleines Bananenstück auf einen zweiten Löffel,
und schieben Sie diesen vorsichtig in den Mund des Kindes.

▶ Geben Sie ihm einen Löffel in die Hand, auf dem ein Bananenstück liegt.
Führen Sie seine Hand mit dem Löffel zu seinem Mund.

▶ Setzen Sie dieses Spiel mit anderen essbaren Kleinigkeiten fort.

Es regnet durch den Löffel

Viele Kinder lieben Spiele mit Wasser. Sie können dieses Spiel mit dem Kind in der Badewanne spielen oder aber eine Schüssel mit Wasser dafür verwenden.

So geht es

▶ Geben Sie dem Kind einen kleinen Becher mit Wasser.

▶ Halten Sie einen Schaumlöffel, und ermuntern Sie das Kind, das Wasser aus dem Becher in den Schaumlöffel zu gießen, sodass es „hindurchregnen" kann. Halten Sie dabei den Schaumlöffel über die Wanne.

▶ Dann geben Sie dem Kind den Schaumlöffel zum Festhalten, während Sie es „hindurchregnen" lassen.

▶ Setzen Sie dieses Spiel beliebig fort. Übernehmen Sie abwechselnd mit dem Kind die Rolle des Regenmachers.

Kochen, spülen, fegen

Helfen Sie dem Kind, das nachzumachen, was es in seiner
Umgebung beobachtet. So bereiten Sie die Grundlage für
die wichtigen spielerischen Aktivitäten, die seine spätere
Entwicklung markieren.

So geht es

▶ Sammeln Sie Bilder, auf denen typische Aktivitäten im Haushalt
zu sehen sind, z.B. Geschirr spülen, essen, fegen, kochen usw.

▶ Zeigen Sie dem Kind diese Bilder, und sprechen Sie mit ihm
darüber, was auf den Bildern zu sehen ist.

▶ Nehmen Sie eines der Bilder, und stellen Sie dem Kind Fragen dazu.
Wenn sein Wortschatz nicht für eine ausführliche Antwort ausreicht,
formulieren Sie die Fragen so, dass sie mit einem Wort zu beantworten
sind, z.B. „Fegt Uta (nennen Sie Ihren Namen) den Boden?"

▶ Nachdem Sie über die dargestellte Aktivität gesprochen haben,
führen Sie sie selbst aus. **„Jetzt fegt Uta (nennen Sie wieder Ihren Namen)
den Boden."** Bitten Sie das Kind zu helfen.

Gute Nacht, schlaf sacht!

Es ist eine gute Idee, dem Kind immer vor dem Einschlafen ein und denselben Reim aufzusagen. Kleine Kinder lieben solche Rituale.

So geht es

▶ Sagen sie dem Kind diesen kleinen Reim (oder einen anderen Ihrer Wahl) beim Schlafengehen auf:

Gute Nacht,
schlaf sacht
bis morgen früh um acht.

Gute Nacht,
schlaf gut,
dann bist du morgen ausgeruht.

Internettipp

Weitere schöne Einschlaf-Reime finden Sie auf der Seite **www.kinderreimeseite.de** unter der Kategorie „andere Reime".

Erstes eigenes Haus

Mit 18 Monaten beginnt bei dem Kind die Phase, in der Kreativität und Fantasie eine wichtige Rolle spielt. Bieten Sie dem Kind viele Gelegenheiten, um diese Fähigkeiten auch entfalten zu können.

So geht es

▶ Bauen Sie dem Kind ein Zelt oder ein Spielhaus. Drapieren Sie dafür ein Laken oder eine Decke über einen Tisch oder über die Rückenlehnen von zwei Stühlen – und schon haben Sie ein einfaches Zelt.

▶ Tun Sie so, als sei das Zelt eine Höhle, ein Flugzeug, ein Zug, ein Raumschiff oder ein Haus.

▶ Verwandeln Sie das imaginäre Haus mit Kissen, einer Decke und einem Stofftier als Mitbewohner in ein gemütliches Heim.

Tipp

Sie können den Spieltisch auch mit richtigen Wänden aus Filz ausstatten. Wenn Sie Wände anschließend noch mit bunten Filzformen verzieren, sieht das Haus noch einladender aus.

Was das Kind dabei lernt:
Wertschätzung der Natur

Spiele für 16 bis 18 Monate

Auf Schatzsuche im Freien

Im Freien gibt es jede Menge Schätze zu entdecken.

So geht es

▶ Nehmen Sie einen Korb, und gehen Sie mit dem Kind draußen auf eine Erkundungstour. Legen Sie alle Fundstücke in Ihren Korb, z.B. Steine, Samenkapseln, Zweige, Blätter, Blumen, Kiesel und Muscheln. Und das sind nur einige der Schätze, die die Natur zu bieten hat.

▶ Wenn Sie eine ganze Reihe von Schätzen gesammelt haben, nehmen Sie sie einen nach dem anderen heraus, und sprechen Sie mit dem Kind darüber.

▶ Bitten Sie das Kind, eines der Fundstücke in den Korb zurückzulegen. Erinnert es sich an den Namen?

Kleine Spiele zum Großwerden ...

Spaß mit Seifenblasen

Eine Dose mit Seifenblasenflüssigkeit kostet nicht viel und sorgt für jede Menge Spaß.

So geht es

▶ Machen Sie Seifenblasen mal an einem windstillen und mal an einem windigen Tag.

▶ Pusten Sie nicht durch den Plastikring, der im Deckel befestigt ist, sondern machen Sie damit Wellenbewegungen in der Luft. Oder nehmen Sie das Kind auf den Arm, und lassen Sie es den Plastikring festhalten. Laufen Sie mit ihm im Jogging-Schritt, oder drehen Sie sich zusammen im Kreis. Achten Sie darauf, dass das Kind seine Aufmerksamkeit auf die Seifenblasen richtet.

▶ Versuchen Sie, so viele Seifenblasen wie möglich mit dem Ring wieder einzufangen.

▶ Zählen Sie so viele Seifenblasen wie möglich, bevor sie zerplatzen.

▶ Schalten Sie einen Ventilator ein und blasen Sie Seifenblasen in den Luftstrom.

▶ Ermuntern Sie das Kind, alle Seifenblasen mit der Hand zu fangen oder zu zertreten, bevor sie zu Boden sinken.

▶ Zeigen Sie dem Kind, wie man Seifenblasen macht. Üben Sie mit ihm, die Lippen zu spitzen. (Diese Bewegung fördert zugleich die sprachliche Entwicklung, da Sie auch für die Bildung von Sprachlauten benötigt wird.)

Spiele für 16 bis 18 Monate

Pusteblumenspiel

Unternehmen Sie doch mal – am besten an einem windigen Tag – einen Pusteblumenspaziergang mit dem Kind.

So geht es

▶ Gehen Sie mit dem Kind nach draußen, und spazieren Sie zu einer Wiese, auf der viele Pusteblumen stehen.

▶ Pflücken Sie eine Pusteblume ab, und pusten Sie vor den Augen des Kindes kräftig dagegen. Achten Sie darauf, dass die Samen ein wenig im Wind wirbeln.

▶ Versuchen Sie, mit möglichst wenigen Zügen alle Samen wegzupusten.

▶ Ermuntern Sie das Kind, auch mal zu pusten, bis alle Samen weg sind. Loben Sie es enthusiastisch, wenn es das geschafft hat. (Positiver Nebeneffekt: Mit diesem Spiel trainiert das Kind gleichzeitig seine Lippenmuskulatur, sodass sich dieses Spiel auch sehr gut als vorbereitende Übung für den Spracherwerb eignet.)

Sicherheitshinweis

Da Löwenzahn leichtgradig giftig ist, sollten Sie unbedingt darauf achten, dass das Kind die Pflanze nicht selbst hält oder in den Mund nimmt. Am besten halten Sie selbst die Blume fest und lassen das Kind pusten. Sollte das Kind dennoch mit der Pusteblume, insbesondere mit der weißen Pflanzenmilch in Berührung kommen, sorgen Sie dafür, dass Sie seine Hände unmittelbar danach gründlich waschen.

Es regnet aus der Flasche

Es gibt viele Dinge, die für das Kind genauso interessant sind wie Spielsachen, so zum Beispiel eine Plastikflasche als Gießkanne.

So geht es

▶ Funktionieren Sie eine Plastikflasche als Gießkanne um, indem Sie Löcher in den Flaschenboden bohren, die etwa so groß sind wie die Löcher einer richtigen Gießkanne.

▶ Gehen Sie mit dem Kind ins Freie, und sprechen Sie mit ihm über das Gras, die Blumen und all die anderen Sachen, die sich auf dem Außengelände ihrer Einrichtung oder in Ihrem Garten befinden.

▶ Füllen Sie die Flasche nun mit Wasser, schrauben Sie sie zu, und zeigen Sie dem Kind, welche Stellen etwas Wasser gebrauchen könnten.

▶ Zeigen Sie dem Kind, wie es die Flasche als Gießkanne benutzen kann, indem Sie sie verkehrt herum halten. Geben Sie dem Kind die „Gießkanne" und bitten Sie es, es auf dem Gras, dem Gartenweg, den Blumen usw. regnen zu lassen. Immer, wenn das Kind Ihre Anweisungen versteht und sie richtig umsetzt, loben Sie es überschwänglich.

Hol die Jonglierbälle!

Dieses Spiel können Sie und das Kind allein oder auch mit mehreren Personen spielen.

So geht es

▶ Sie brauchen einen Korb und ein paar Jonglierbälle.

▶ Ihre Aufgabe ist es, die Jonglierbälle in den Korb zu werfen. Die Aufgabe des Kindes ist es, sie aus dem Korb zu nehmen und Ihnen zurückzubringen.

▶ Bald wird das Kind selbst versuchen, die Jonglierbälle in den Korb zu befördern.

Hinweis

Falls das Kind schon laufen kann, braucht es wahrscheinlich kaum Hilfe, um die Jonglierbälle aus dem Korb zu holen. Ist das Kind jedoch noch nicht so sicher auf den Beinen, kippen Sie den Korb um, damit es leichter an die Jonglierbälle herankommt.

Vögelchen, flieg!

Dieses Spiel ist gut für warmes Wetter geeignet.

So geht es

▶ Bauen Sie ein kleines Nest, indem Sie eine Decke mit ein paar weichen Kissen auf den Rasen legen.

▶ Zeigen Sie dem Kind, wie es sich ganz klein machen kann, indem es sich zusammengerollt auf die Kissen legt. Beugen Sie sich schützend über das Kind. Achten sie darauf, dass Sie den Kopf des Kindes nicht bedecken, damit das Kind keine Angst bekommt. Sie sollten beide Blickkontakt haben können.

▶ Tun Sie so, als würden Sie schlafen und dann aufwachen. Sagen Sie zu dem Kind: „Komm, Vögelchen, es ist Zeit zum Fliegen." Richten Sie sich langsam auf und flattern Sie mit den Armen, als wären sie Flügel.

▶ „Fliegen" Sie durch den Garten, und sagen Sie dann zu dem Kind: „Komm, wir fliegen zu dem Baum."

▶ Nennen Sie in Ihren weiteren Aufforderungen Namen von Dingen, die sich auf dem Außengelände oder im Garten befinden. So lernt das Kind neue Wörter.

▶ Flüstern Sie Ihrem Vogeljungen zu: „Jetzt ist es Zeit, ins Nest zurückzukehren." Gehen Sie zurück zu der Stelle, an der Sie zuerst gesessen haben. Das Kind kuschelt sich wieder auf Ihren Schoß.

▶ Wiederholen Sie dieses Spiel immer wieder. Sie können Ihr Vögelchen auch allein fliegen und zum Nest zurückkehren lassen.

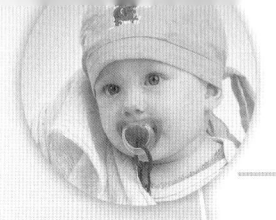

Wellen im Sand

Striche und Linien kann man in den Sand, in den Staub
und in den Matsch malen.

So geht es

▶ Zeigen Sie dem Kind, wie man mit dem Finger einen Strich
in den Sand malen kann, zum Beispiel draußen im Sandkasten.

▶ Lassen Sie das Kind nun selbst ausprobieren, einen Strich
in den Sand zu malen. Führen Sie dabei seine Hand,
und helfen Sie ihm.

▶ Dann malen Sie eine Wellenlinie in den Sand.
Helfen Sie dem Kind, auch eine Wellenlinie zu malen.

▶ Versuchen Sie, eine Linie mit verschiedenen Hilfsmitteln
zu zeichnen, zum Beispiel mit einem Stock oder einem Spielzeug.

▶ Fahren Sie mit einem Spielzeugauto über den Sand,
und zeigen Sie dem Kind die Reifenspuren.

Spiele für 19 bis 21 Monate

Herz auf Herz, Stern auf Stern ...

Dieses Spiel wird das Kind sicher immer wieder spielen wollen.

So geht es

▶ Suchen Sie eine Auswahl an Ausstechförmchen zusammen. Versuchen Sie, Formen zu wählen, die das Kind erkennt, zum Beispiel Tiere oder typische Weihnachtsmotive wie Tannenbäume oder Sterne.

▶ Legen Sie eines der Ausstechförmchen auf ein Blatt Papier, und malen Sie den Umriss mit einem Stift nach. Geben Sie dem Kind das Ausstechförmchen, und zeigen Sie ihm, wie es auf den Umriss passt, den Sie auf das Papier gezeichnet haben.

▶ Nachdem Sie die Umrisse einiger der Ausstechförmchen abgezeichnet und dem Kind gezeigt haben, wie Umriss und Förmchen zusammenpassen, geben Sie ihm zwei Ausstechförmchen und einen Umriss. Kann es dem Umriss das richtige Förmchen zuordnen?

▶ Wenn das Kind versteht, worum es bei diesem Spiel geht, erweitern Sie die Auswahl um einen weiteren Umriss und ein weiteres Förmchen.

Was gehört zusammen?

In diesem Alter sind einfache selbsterstellte Puzzles
ein wunderbares Spielzeug für as Kind.

So geht es

▶ Sammeln Sie Partydekorationen aus Pappe, z.B. Geburtstags-
oder Weihnachtsmotive.

▶ Schneiden Sie jedes Motiv in zwei Teile, wie Puzzlestücke.
Achten Sie darauf, dass die Teile alle unterschiedlich aussehen.

▶ Geben Sie dem Kind eines der Teile. Mischen Sie die übrigen Teile,
und breiten Sie sie auf dem Boden aus.

▶ Sprechen Sie mit dem Kind über das Teil, das es in der Hand hält.
Reden Sie über Farbe, Form und andere Merkmale.

▶ Helfen Sie dem Kind, das passende Gegenstück zu finden.
Setzen Sie das Spiel mit anderen Puzzleteilen fort. Helfen Sie dem Kind,
bis es alleine weiterspielen kann.

Spiel mit Filzfiguren

Diese Spielanregung bietet dem Kind durch den Umgang
mit weichem Filz neue taktile Erfahrungen.

So geht es

▶ Nähen Sie kleine Taschen aus Filzresten auf einen
alten Kissenbezug.

▶ Schneiden Sie aus weiteren Filzresten Tierfiguren oder
kleine Filzpuppen aus, die in die aufgenähten Taschen passen.
Verzieren Sie die Figuren, zum Beispiel indem Sie Ihnen zwei
kleine Holzperlen als Augen annähen. Achten Sie darauf, dass
die Perlen sehr fest angenäht werden und so nicht abgehen können
und von den Kindern verschluckt werden können.

▶ Geben Sie dem Kind den Kissenbezug. Das Spiel mit den Figuren
wird ihm Spaß machen. Zeigen Sie dem Kind, wie es die Figuren in
den Taschen verstecken und die Köpfe herausschauen lassen kann.

Das Rosinenspiel

Rosinen sind nahrhaft und gesund. Sie eignen sich darüber hinaus sehr gut als Übungsmaterial zur Schulung der kindlichen Feinmotorik.

So geht es

▶ Füllen Sie eine kleine Schüssel mit Rosinen.

▶ Stellen Sie einen Plastikbecher mit Deckel neben die Schüssel. Achten Sie darauf, dass der Deckel nur lose aufliegt, damit das Kind ihn ohne Probleme abnehmen kann.

▶ Ermuntern Sie das Kind, eine Rosine in den Becher zu legen. Um diese Aufgabe zu erfüllen, muss es den Deckel abnehmen.

▶ Wenn das Kind alle Rosinen von der Schüssel in den Becher gelegt hat, kann es sie zurück in die andere Schüssel schütten und von vorne beginnen.

125

Spiele für 19 bis 21 Monate

Was ist da drin?

Das Kind wird nun täglich geschickter in Dingen, die es mit seinen Händen tut. Auch die Koordination zwischen seinen Augen, Händen und Fingern gelingt immer besser.

So geht es

▶ Verpacken Sie einen Ball oder ein Spielzeug in buntem Papier.

▶ Zeigen Sie das eingewickelte Spielzeug dem Kind, und fragen Sie: „Was glaubst du? Was ist da drin?"

▶ Geben Sie dem Kind das Paket, und fordern Sie es auf, das Paket auszupacken.

▶ Nehmen Sie das Spielzeug, das das Kind ausgepackt hat, und wickeln Sie es erneut in Papier. Verwenden Sie dabei eine andere Papiersorte, zum Beispiel Seidenpapier, Folie, Geschenk- oder Zeitungspapier. Lassen Sie das Kind dabei zusehen.

▶ Lassen Sie das Kind das Spielzeug wieder auspacken. Machen Sie so lange weiter, bis sein Interesse an diesem Spiel nachlässt.

Hinweis

Für ein kleines Kind ist das Auspacken des Spielzeugs keine leichte Aufgabe, aber es wird trotzdem seinen Spaß daran haben. Dabei mag das Rascheln des Papiers interessanter sein als der Inhalt des Päckchens.

Löffel und Gabel

Bei diesem Sortierspiel wird das Kind zum genauen
Hinsehen herausgefordert.

So geht es

▶ Geben Sie dem Kind drei identische Gegenstände,
zum Beispiel drei Teelöffel.

▶ Nehmen Sie sich einen Teelöffel und benennen Sie, was es ist.
Tun Sie so, als würden Sie mit dem Löffel essen.

▶ Lassen Sie das Kind jeden einzelnen Löffel in die Hand nehmen
und seine Form und Beschaffenheit erkunden.

▶ Ersetzen Sie einen Löffel durch eine Kindergabel. Bitten Sie das Kind,
Ihnen einen der Löffel zu geben. Bitten Sie dann um den anderen Löffel.

▶ Nehmen Sie die Gabel in die Hand, und benennen Sie, was es ist.
Tun Sie so, als würden Sie mit der Gabel essen. Lassen Sie das Kind
die Gabel nehmen und Form und Material erkunden.

▶ Legen Sie zwei Löffel und eine Gabel auf den Tisch. Bitten Sie das Kind,
Ihnen die Gabel zu geben. Sparen Sie nicht mit Lob, wenn es Ihnen das
richtige Besteckteil gibt.

Sicherheitshinweis

Achten Sie unbedingt darauf, dass die Gabel keine spitzen Zinken hat,
und bleiben Sie dabei, während das Kind sie untersucht, damit es sich
nicht verletzt.

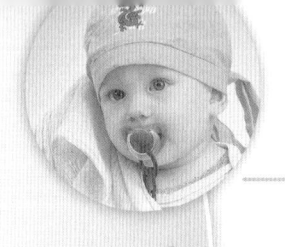

Das Zangenspiel

Diese Art von Spielen fördert neben der Koordinationsfähigkeit die feinmotorischen Fähigkeiten des Kindes.

So geht es

▶ Legen Sie einige Spielzeuge in einen großen Karton
oder eine Schüssel.

▶ Geben Sie dem Kind eine Küchenzange, und zeigen Sie ihm,
wie es die Spielzeuge mit der Zange greifen kann.

▶ Wenn das Kind gelernt hat, mit der Zange zu greifen,
zeigen Sie ihm, wie es die Spielzeuge in einen zweiten Karton legt.

▶ Stellen Sie ein Muffinbackblech neben den Karton.
Zeigen Sie dem Kind, wie man ein Spielzeug mit der Zange greift
und in eine der Vertiefungen im Muffinbackblech ablegt.

Hinweis

Diese schwierige Aufgabe ist eine besondere Herausforderung für das Kind:
Denn hier ist nicht nur die genaue Koordination der Bewegungen gefordert,
sondern es wird auch ein gewisser Kraftaufwand in der Kinderhand nötig,
damit die Gegenstände nicht aus der Zange wieder herunterfallen.

Das Radiospiel

Was macht das Kind am liebsten? Genau! Es dreht am liebsten an irgendwelchen Knöpfen und drückt auf irgendwelche Tasten. An einem Regler am Radio zu spielen, kann großen Spaß machen. Gleichzeitig kann das Kind dabei seine Hörfähigkeit trainieren.

So geht es

▶ Besorgen Sie ein Radio, an dem sich die Sender per Drehknopf einstellen lassen.

▶ Zeigen Sie dem Kind, wie durch das Drehen am Reglerknopf immer wieder andere Musik aus dem Radio kommt.

▶ Das Kind darf so lange am Regler drehen, bis Sie „Stopp" sagen. Sagen Sie genau dann Stopp, wenn das Kind einen passenden Musiksender gefunden hat.

▶ Tanzen Sie dann gemeinsam zu der Musik, die der eingestellte Sender gerade spielt.

129

Von einem Ort zum anderen

Wenn Sie dem Kind sagen, dass ein Gegenstand auf
dem Tisch liegt, ist das nicht dasselbe, als wenn das Kind
den Gegenstand selbst dorthin legt.

So geht es

▶ Geben Sie dem Kind einen kleinen Korb, und bitten Sie es,
ihn auf den Tisch zu stellen.

▶ Fordern Sie das Kind auf, Ihnen den Korb zu bringen.
Wenn es mit dem Korb kommt, legen Sie etwas Buntes hinein,
zum Beispiel einen Schal oder einen Baustein.

▶ Bitten Sie das Kind nun, den Korb wieder auf den Tisch oder
an einen anderen Platz des Raumes zu stellen.

▶ Setzen Sie das Spiel fort. Immer, wenn das Kind Ihnen den Korb bringt,
legen Sie etwas anderes hinein.

Hinweis

Wenn das Kind Sachen von einem Ort zum anderen und wieder
zurückträgt, bekommt es ein Gefühl dafür, wo diese Orte sind.

Spiele für 19 bis 21 Monate

Klatschspiele

Es gibt viele Gelegenheiten, mit einem Kind gemeinsam in die Hände zu klatschen – und es dabei gleichzeitig bei der Entwicklung seiner Koordinationsfähigkeit zu unterstützen.

So geht es

▶ Suchen Sie sich ein Lied aus, das dem Kind besonders gut gefällt, zum Beispiel „Der Kuckuck und der Esel". Experimentieren Sie auf unterschiedliche Art, zum Lied mitzuklatschen.

▶ Setzen Sie das Kind auf Ihren Schoß. Halten Sie Ihre Hände so, dass das Kind seine Handflächen auf Ihre legen kann. Beim Singen klatschen Sie mit Ihren Handflächen von unten gegen seine. Lassen Sie das Kind auch mit seinen Händen auf Ihre klatschen.

▶ Strecken Sie Ihre Arme vor, und klatschen Sie in die Hände. Nehmen Sie die Hände des Kindes, und führen Sie sie beim Klatschen, und lassen Sie es dann alleine weitermachen.

Internettipp

Auf der Seite **www.spiellieder.de** finden Sie neben Text und Melodie des Liedes „Der Kuckuck und der Esel" viele weitere Kinderlieder.

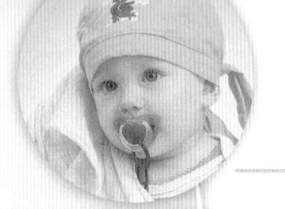

Komm und tanz mit mir

Rhythmische Aktivitäten fördern die Fähigkeit der Kinder zu reden, zu lesen und sich zu bewegen.

So geht es

▶ Spielen Sie Instrumentalmusik, und bewegen Sie sich gemeinsam mit dem Kind im Takt dazu. Bewegen Sie sich bei schneller Musik schnell und bei langsamer Musik langsam.

▶ Ermuntern Sie das Kind, Ihre Bewegungen nachzuahmen. Sagen Sie zum Beispiel: „Kannst du dich so drehen wie ich?" oder „Kannst du dich krumm machen wie ich?" oder „Kannst du die Beine so hoch machen wie ich?"

Tipp

Variieren Sie bei der Musik-auswahl. Wechseln Sie von lauter zu leiser und von schneller zu langsamer Musik. Sie können auch zwischen Instrumentalstücken unterschiedlicher Musikstile (z.B. Samba, Klassik, Pop) wechseln.

Was hörst du?

Es ist wichtig, dass Sie dem Kind helfen, Geräusche zu unterscheiden. Im Haus und im Freien gibt es viel zu hören. Sie werden selbst überrascht sein.

So geht es

▶ Unternehmen Sie einen Geräuschspaziergang durch Ihre Einrichtung oder Ihr Haus. Machen Sie das Kind auf die verschiedenen Geräusche aufmerksam, die Ihnen begegnen.

▶ Hier sind einige Geräusche, denen Sie womöglich begegnen werden:

- ○ ein Radio spielt
- ○ der Geschirrspüler läuft
- ○ Regen tröpfelt an die Fensterscheibe
- ○ der Kühlschrank brummt
- ○ es klingelt an der Tür
- ○ ein Computer summt
- ○ die Toilettenspülung rauscht
- ○ Lampen summen
- ○ Uhren ticken
- ○ ein Hund bellt
- ○ die Heizung springt an
- ○ das Telefon klingelt
- ○ jemand hustet

Spiele für 19 bis 21 Monate

Flüstereien

Kleine Kinder finden es spannend, wenn Leute flüstern.
Flüsterübungen können Kindern helfen, ihre Stimme zu
modulieren. Das erfordert eine Menge Konzentration.

So geht es

▶ Flüstern Sie dem Kind etwas zu. Sagen Sie:
„Komm, wir sehen uns ein Buch an."

▶ Bitten Sie das Kind, Ihnen im Flüsterton zu antworten.

▶ Setzen Sie Ihre geflüsterte Unterhaltung so lange fort,
bis das Kind versteht, wie es seine Stimme dämpfen und
im Flüsterton sprechen kann.

Hinweis

Flüstern ist für Kinder zwar spannend, beansprucht die Stimmbänder
aber stärker als normales Sprechen. Deshalb sollten solche Übungen
nur sehr selten gemacht werden. Sorgen Sie auch dafür, dass das Kind
zwischendurch etwas trinkt.

Maler und Anstreicher

Bei diesem Spiel schult das Kind die Fähigkeit, Dinge zu verstehen, und kann sich außerdem mit seinem Lieblingselement, dem Wasser, beschäftigen.

So geht es

▶ Gehen Sie mit dem Kind bei warmem Wetter nach draußen, und geben Sie ihm einen Pinsel und einen Eimer mit Wasser.

▶ Fordern Sie das Kind auf, die Hauswand mit Wasser „anzustreichen".

▶ Ermuntern Sie es auch dazu, den Bürgersteig, die Veranda, den Briefkasten, das Auto und andere Sachen anzustreichen, die eine Schicht Wasser vertragen können.

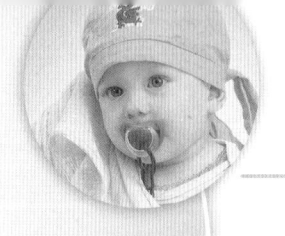

Fußgemachte Kunst

Wie dieses Spiel zeigt, werden zum Malen mit flüssigen
Farben nicht unbedingt immer Pinsel benötigt.

So geht es

▶ Breiten Sie im Freien einen großen Bogen Papier aus.

▶ Legen Sie große Schwämme auf ein flaches Tablett neben das
Papier. Geben Sie Finger- oder Temperafarbe auf die Schwämme.

▶ Halten Sie das Kind bei der Hand, und zeigen Sie ihm,
wie es einen Fuß in die Farbe tunkt. Lassen Sie es dann langsam
an Ihrer Hand über das Papier gehen. (Halten Sie das Kind unbedingt
gut fest, denn auf der glitschigen Farbe kann es leicht ausrutschen!)

▶ Machen Sie mehrfarbige Fußspuren auf das Papier.

Tipp

Die Kinder können auch farbige Abdrücke mit ihren Händen machen.
Oder sie bestreichen einen Ball mit Farbe, um ihn dann über das Papier
rollen zu lassen.

Kunst im Freien

Bei diesem Spiel kann das Kind seine Kreativität und
Fantasie immer wieder neu zum Ausdruck bringen.

So geht es

▶ Füllen Sie ein Backblech mit Sand, und tragen Sie es
nach draußen.

▶ Ermuntern Sie das Kind, mit dem Finger Spuren in den Sand
zu malen. Wenn sie merken, dass es das Interesse an seinem
ersten „Kunstwerk" verliert, rütteln Sie das Backblech hin und her,
um die Oberfläche für ein neues Bild zu glätten.

▶ Tragen Sie eine Kinder-Staffelei oder eine Kindertafel, Töpfchen
mit Fingerfarbe und Papierbögen nach draußen. Befestigen Sie einen
Bogen Papier auf der Staffelei oder der Kindertafel.

▶ Ermuntern Sie das Kind,
mit der Fingerfarbe zu malen,
und mit den Farben
zu experimentieren.

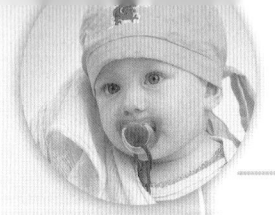

Klebebälle

Vielfältige Seherfahrungen sind für die richtige
Entwicklung des visuellen Wahrnehmungsvermögens
gerade in Bezug auf Farben unerlässlich.

So geht es

▶ Besorgen Sie sich eine Rolle mit doppelseitigem Klebeband.

▶ Formen Sie aus Klebebandstreifen zwei Bälle,
einen für Sie und einen für das Kind.

▶ Zeigen Sie dem Kind, wie die Bälle an Oberflächen kleben
bleiben, z.B. an Ihrem Arm.

▶ Legen Sie zwei Bögen Bastelpapier in kontrastierenden Farben
(z.B. in rot und in blau) vor das Kind.

▶ Kleben Sie Ihren Ball auf das rote Papier und sagen Sie:
„Der Ball ist auf dem roten Papier. Kannst du deinen Ball auch
auf das rote Papier kleben?"

▶ Wiederholen Sie diesen Schritt mit der anderen Farbe.

Farben und Formen

In diesem Alter schärft sich bei Kindern der Sinn
für unterschiedliche Farben und Formen.

So geht es

▶ Schneiden Sie aus rotem und gelbem Bastelpapier
mehrere Kreise aus.

▶ Breiten Sie die roten Kreise vor dem Kind auf dem Boden aus.

▶ Legen Sie nacheinander Ihre Hände auf die einzelnen Kreise.
Sagen Sie: „Ich lege meine Hände auf die roten Kreise."

▶ Legen Sie die gelben Kreise dazu.

▶ Stellen Sie sich mit den Füßen auf die gelben Kreise, und sagen Sie:
„Ich stelle meine Füße auf die gelben Kreise."

▶ Lassen Sie das Kind mitspielen: Fordern sie es auf, seine Hände auf die
roten Kreise zu legen und seine Füße auf die gelben Kreise zu stellen.

139

Zaubermatsch

Wenn Sie dem Kind diese kleine Zauberei vorführen,
macht es bestimmt große Augen – und möchte sicher
auch selbst mit dem Zaubermatsch hantieren.

So geht es

▶ Geben Sie Maismehl in eine Plastikschüssel oder ein anderes
unzerbrechliches Gefäß. Verrühren Sie so viel Wasser mit dem
Maismehl, dass die Mischung die Konsistenz von Brotteig hat.

▶ Sagen Sie zu dem Kind: „Gleich siehst du eine Zauberei."

▶ Formen Sie aus der Maismehl-Wasser-Mischung eine Kugel.
Wenn Sie sie etwas liegen lassen, wird sie flüssig.

Experimente mit Knete

Mit Kinderknete lässt sich wunderbar experimentieren.

So geht es

▶ Zeigen Sie dem Kind, was man mit Knete alles machen kann: die Knete zu einer Schlange rollen, sie zermatschen, daraufhauen, hineinstechen oder sie auseinanderziehen.

▶ Geben Sie dem Kind ein paar Werkzeuge, mit denen es die Knete bearbeiten kann. Mit Bastelstäbchen aus Holz kann man Knete z.B. zerteilen, abkratzen, zusammenschieben und Löcher hineinbohren. Das Kind kann auch mit einem Nudelholz hantieren und die Knete ausrollen.

▶ Mit Ausstechförmchen kann das Kind „Kekse" für seinen Teddy backen.

Hinweis

Achten Sie darauf, dass Sie ungiftige Knete verwenden. Sie sollte auch nicht allzu klebrig sein, denn sonst könnten Bastelstäbchen und Nudelholz daran kleben bleiben. Am besten, Sie probieren es vorher selbst aus.

Spaß mit Kreppschlangen

Luftschlangen aus Krepppapier sind wunderbare Spielzeuge
für Kinder. Hier sind ein paar Vorschläge für Luftschlangen-
spiele im Freien.

So geht es

▶ Laufen Sie mit einem Krepppapierstreifen in der Hand los.

▶ Machen Sie Kreisbewegungen mit der Hand, und
wirbeln Sie so den Krepppapierstreifen durch die Luft.

▶ Halten Sie mit einer weiteren Person zu zweit den Krepppapierstreifen dicht über dem Boden. Ermuntern Sie das Kind,
darüberzuspringen.

▶ Binden Sie mehrere Krepppapierstreifen an einen tief hängenden
Ast, sodass das Kind hochspringen und mit der Hand gegen den
Papierstreifen schlagen kann.

▶ Halten Sie einen Papierstreifen an einem windigen Tag einfach
in den Luftstrom, und sehen Sie zu, wie der Wind damit spielt.

Tipp

Umwickeln Sie ein Ende der Krepppapierstreifen mit Klebeband,
damit die Papierstreifen nicht auf die Hände abfärben.

Pustespiele

Kleine Kinder pusten für ihr Leben gern! Diese Fähigkeit
ist gar nicht so leicht zu erlernen, wie man meinen könnte.
Doch die Beharrlichkeit, mit der Kinder sich daran versuchen, zahlt sich an anderer Stelle aus: Das Pusten kräftigt
die Muskulatur im Mundbereich und unterstützt so die
sprachliche Entwicklung.

So geht es

▶ Machen Sie verschiedene Pusteübungen mit dem Kind:

- ○ Luft durch einen Trinkhalm pusten
- ○ mit dem Trinkhalm Luftblasen in einen großen Becher
  voll Wasser pusten
- ○ auf einen Finger pusten
- ○ Luft in eine Papiertüte pusten
- ○ ein Blatt von der Hand pusten
- ○ einen kleinen, leichten Ball mit einem Trinkhalm
  über den Boden pusten
- ○ einen Wattebausch über eine Tischplatte pusten
- ○ gegen eine Blume oder einen Grashalm pusten

Spiele für 19 bis 21 Monate

Das Katalogspiel

Mit diesem Spiel schaffen Sie Abwechslung an
Regentagen.

So geht es

▶ Sehen Sie sich nach einem Katalog um, der viele
Abbildungen zeigt, die das Kind bereits kennt.

▶ Wechseln Sie sich dabei ab, Bilder auszusuchen.
Der andere verwandelt sich dann in das, was auf dem Bild
zu sehen ist. Wählen Sie zum Beispiel ein Bild mit einem Hund,
dann muss das Kind so tun, als sei es ein Hund.

Tipp

Sie könnten auch Bilder auf kleine Karten kleben und ein Kartenspiel
daraus machen. Kleben Sie zum Beispiel mehrere verschiedene Hunde-
bilder, Bilder von Bällen etc. auf, und lassen Sie das Kind die Karten
sortieren.

Hart und weich

Entdeckungen, die ein Kind mit seinem Tastsinn macht,
sind wichtige Bausteine seiner Entwicklung. Sprachliche
Fortschritte und kognitives Fähigkeiten sind eng verbunden
mit der Erfahrung, wie sich Sachen anfühlen. Zwischen dem
ersten und dem zweiten Lebensjahr können Kinder schon
herausfinden, ob etwas hart oder weich ist.

So geht es

▶ Geben Sie dem Kind nacheinander mehrere weiche Gegenstände, zum Beispiel Wattebäusche, Stofftiere oder weiche Stoffe.
Jedes Mal, wenn Sie ihm etwas Weiches reichen, sagen Sie mit
sanfter Stimme: „Weich."

▶ Dann geben Sie dem Kind harte Gegenstände zum Befühlen,
zum Beispiel einen Bauklotz oder ein anderes kleines, hartes Spielzeug.
Jedes Mal, wenn Sie ihm etwas Hartes geben, sagen Sie: „Hart."
Sagen Sie es mit einer anderen Stimme als bei den weichen Sachen.

▶ Wenn Sie dieses Spiel ein paar Mal gespielt haben, legen Sie einen
harten und einen weichen Gegenstand in eine Papiertüte.
Lassen Sie das Kind einen Gegenstand herausholen. Fragen Sie es,
ob es einen harten Gegenstand in der Hand hält. Fragen Sie danach,
ob es einen weichen Gegenstand in der Hand hält.

Spiele für 19 bis 21 Monate

Was klebt denn da auf deinem ...?

Fördern Sie mit immer neuen spielerischen Anregungen das Körperbewusstsein des Kindes.

So geht es

▶ Zeigen Sie dem Kind eine bunte Sammlung Aufkleber aller Art: Heftpflaster, Klebebildchen, Klebeband, Etiketten und Aufkleber mit verschiedenen Motiven, die das Kind erkennt (z.B. Tierbildern).

▶ Geben Sie dem Kind einen der Aufkleber, und zeigen Sie ihm, wie man sich diesen auf den Pulloverärmel oder an andere Stellen kleben kann.

▶ Sagen Sie ihm, es soll sich den Aufkleber vorne auf den Pullover kleben, und ermuntern Sie es, den Bauch vorzuwölben und wieder einzuziehen. Fragen Sie dabei „Was klebt denn da auf deinem Bauch?"

▶ Suchen Sie nach weiteren Möglichkeiten, wo man den Sticker sonst noch aufkleben kann:

- ○ Zehen – und dann damit wackeln
- ○ Ellbogen – und sie dann nach oben und nach unten bewegen

Hinweis

Achten Sie darauf, dass das Kind sich keine stark klebenden Aufkleber auf die nackte Haut (z.B. auf seine Wangen oder auf seine Arme) klebt. Das Entfernen der Aufkleber kann sehr schmerzhaft sein.

Mach's mir nach!

Spielen Sie ein Nachmachspiel mit dem Kind.

So geht es

▶ Machen Sie allerlei Bewegungen und Gesten, und
ermuntern Sie das Kind, Sie nachzuahmen. Winken Sie
mit den Händen, wackeln Sie mit den Fingern, stampfen Sie
mit den Füßen, und tun Sie so, als würden Sie schlafen.

▶ Ermuntern Sie das Kind, selbst etwas vorzumachen,
was Sie dann nachmachen. Zunächst müssen Sie vielleicht
mit Ideen aushelfen. Schlagen Sie einfache Sachen wie Winken
oder Klatschen vor.

▶ Machen Sie auch Bewegungen vor, die an Aktivitäten im Alltag,
wie Zähne putzen, Staub wischen und fegen, anknüpfen.

Was ein Stofftier alles kann

Mit diesem Spiel können Sie das Kind darin unterstützen, einfache Aufforderungen zu verstehen und umzusetzen.

So geht es

▶ Bitten Sie das Kind, sein Lieblingsstofftier zu holen und neben sich auf den Boden zu setzen.

▶ Setzen Sie sich ebenfalls mit einem Stofftier auf den Boden.

▶ Ermuntern Sie das Kind, allerlei Sachen mit seinem Stofftier zu machen. Lassen Sie es zum Beispiel den Arm des Stofftieres hochheben, sein Bein schütteln, mit seinem Kopf nicken, sein Knie beugen, seinen Ellbogen bewegen und es in den Arm nehmen.

Hinweis

Falls das Kind nicht versteht, was Sie meinen, veranschaulichen Sie Ihre Anweisungen, indem Sie sie selbst umsetzen.

Quitsch-quatsch!

Dieses Spiel ist ein garantierter Lacherfolg!

So geht es

▶ Legen Sie sich auf dem Rücken auf den Boden,
und winkeln Sie die Knie an.

▶ Setzen Sie das Kind auf Ihre Knie, sodass Sie seine Füße
auf Ihren Oberschenkeln liegen haben. Zur Sicherheit sollten Sie
es an den Händen festhalten.

▶ Sagen Sie: „Ich gehe in den Supermarkt und kaufe Kartoffeln,
Mais, Bohnen und Erbsen." Nennen Sie alle Gemüsesorten, die
Ihnen einfallen, und lassen Sie dabei auch das Kind zu Wort kommen.

▶ Am Ende Ihrer Einkaufsliste sagen Sie laut: „Quitsch-quatsch!"
Gleichzeitig strecken Sie die Beine aus, sodass das Kind in
die Tiefe saust.

Schlängeln wie zwei Dschungelschlangen

Verwandeln Sie sich doch einmal in schlängelnde Dschungelbewohner, und fördern Sie durch diese ungewohnte Art der Fortbewegung die Körperwahrnehmung des Kindes.

So geht es

▶ Legen Sie sich mit dem Kind auf den Boden, und zeigen Sie ihm, wie man sich wie eine Schlange durch den Raum schlängelt.

▶ Stellen Sie einen Stuhl in die Mitte des Raumes, und schlängeln Sie sich mit dem Kind um ihn herum.

▶ Bauen Sie einen Tunnel aus zwei nebeneinanderstehenden Stühlen, über die Sie ein Laken breiten.

▶ Schlängeln Sie sich zusammen mit dem Kind durch den Tunnel.

Kleine Spiele zum Großwerden ...

Komm und
suche mich!

Mit diesem Spiel lernt das Kind auch etwas, das für Erwachsene selbstverständlich ist: Eine Schulter oder ein Arm, die hinter einer Hausecke hervorschauen, sind mit einem ganzen Körper verbunden, auch wenn der Rest nicht sichtbar ist.

So geht es

▶ Verstecken Sie sich in der Nähe des Kindes, wenn es gerade einen Augenblick abgelenkt ist, und sagen Sie: **„Ich habe mich versteckt. Komm und suche mich."**

▶ Verstecken Sie sich so, dass Sie noch ein wenig zu sehen sind, z.B. hinter einem Stuhl, einem Regal oder einem Vorhang.

▶ Das Kind wird begeistert sein, wenn es Sie findet. Genau der richtige Moment, um es fest zu drücken!

Hinweis

Je regelmäßiger Sie dieses Spiel spielen, desto sicherer und zuverlässiger wird das Kind die Richtung bestimmen können, aus der Ihre Stimme kommt.

Katz' und Maus

In ein Rollenspiel verpackt macht das Fangenspiel
gleich noch mehr Spaß.

So geht es

▶ Erzählen Sie dem Kind, dass Sie eine winzig kleine Maus
sind. Das Kind ist eine Katze, die versucht, die Maus zu fangen.

▶ Erklären Sie ihm, dass eine Maus **„Fiep, fiep"** und
eine Katze **„Miau, miau"** macht.

▶ Gehen Sie in den Vierfüßlerstand, und sagen Sie: **„Du kannst
mich nicht fangen!"** Krabbeln Sie dann schnell über den Boden,
auch hinter Möbel, unter Tische und in andere Zimmer.
Ermuntern Sie das Kind, Ihnen zu folgen.

▶ Wenn das Kind versteht, worum es bei diesem Spiel geht,
tauschen Sie die Rollen.

Hinweis

Lassen Sie sich nach einer kurzen Zeit vom Kind fangen.
Auch Sie sollten das Kind nach spätestens drei Runden um
den Tisch erhaschen, damit das Spiel nicht langweilig wird.

Zwei kleine Vögelchen

Spielen Sie dieses Spiel mit einem Kind und einem
Spielkameraden.

So geht es

▶ Sprechen Sie den Kindern den folgenden Vers vor. Ermuntern Sie sie, dazu die passenden Bewegungen zu machen.

Zwei kleine Vögel sitzen auf dem Dach.
(Beide Zeigefinger hochhalten.)
Sie heißen Max und Jana und machen reichlich Krach.
(Mit den Zeigefingern flattern, dabei laut pfeifen.)
Flieg davon, Max,
(Verstecken Sie einen Zeigefinger hinter dem Rücken.)
flieg davon, Jana.
(Verstecken Sie den anderen Zeigefinger hinter dem Rücken.)
Komm zurück, Max,
(Holen Sie einen Zeigefinger hinter dem Rücken hervor.)
komm zurück, Jana.
(Holen Sie den anderen Zeigefinger hinter dem Rücken hervor.)

Hinweis

Setzen Sie beim Sprechen des Verses statt der beispielhaft gewählten
Namen Max und Jana die den Namen des Kindes und den eines
Freundes ein.

153

Eine Zugfahrt, die ist lustig!

Kinder lieben es, beim Spielen in Rollen zu schlüpfen.

So geht es

▶ Zeigen Sie dem Kind Bilder von Zügen. Es gibt viele wunderbare Spielideen zu diesem Thema.

▶ Imitieren Sie die Geräusche eines Zuges, und ermuntern Sie das Kind, dies auch zu versuchen.

Tschu, Tschu (der Zug fährt an)
Tschickete, tschickete (der Zug rattert über die Schienen)
Pffft (die Bremsen)
Alles einsteigen!

▶ Stellen Sie vier oder fünf Stühle hintereinander auf. Sagen Sie dem Kind, dass es der Lokomotivführer ist, und fordern Sie es auf, sich auf den vorderen Stuhl der Reihe zu setzen.

▶ Singen Sie Lieder über Eisenbahnen (z.B. „Auf der schwäb'schen Eisenbahn"), oder sprechen Sie den Reim „Eine kleine Dickmadam". Machen Sie dazu die Zuggeräusche, die Sie geübt haben.

Internettipp

Das Lied „Auf der schwäb'schen Eisenbahn" können Sie sich auf der Seite **www.spiellieder.de** anhören, den Reim von der kleinen Dickmadam finden sei unter **www.kinderreimseite.de.**

Faszinierende Taschenlampe

Taschenlampen üben eine große Faszination auf Kinder aus. Bei diesem Spiel werden gewohnte Dinge in ein neues Licht gesetzt.

So geht es

▶ Beleuchten Sie mit einer Taschenlampe verschiedene Bereiche eines Raumes, z.B. die Wand, die Tür, den Bereich unter einem Tisch usw.

▶ Benennen Sie jeden Gegenstand, auf den Sie den Taschenlampenstrahl richten. Sagen Sie zum Beispiel: „Das ist die Wand" oder „Das ist die Türklinke".

▶ Zeigen Sie dem Kind, wie man die Taschenlampe an- und ausschaltet, und lassen Sie es Gegenstände im Raum anleuchten. Ermuntern Sie es, diese Gegenstände zu benennen.

▶ Geben Sie dem Kind einfache Anweisungen, wie „Leuchte an die Decke" oder „Leuchte an das Fenster". Auch wenn es solche Sätze selbst nicht formulieren könnte, versteht es, was gemeint ist.

▶ Werfen Sie einen Vogelschatten an die Wand: Drehen Sie dazu die Handflächen nach oben, und überkreuzen Sie die Handgelenke. Strecken Sie die Finger, sodass sie wie Flügel aussehen. Legen Sie für den Vogelkopf die Daumenwurzeln gegeneinander. Bewegen Sie die Hände im Lichtstrahl der Taschenlampe, um den Vogel durch die Lüfte gleiten zu lassen.

155

Ziehen
und schieben

Das Kind begreift Dinge am besten, wenn es diese selbst
in Handlungen umsetzt, so auch die Begriffe „ziehen" und
„schieben".

So geht es

▶ Zeigen Sie dem Kind, wie man ein Spielzeugauto über den
Boden schiebt. Sagen Sie: „Tuut, tuut, hier kommt das Auto."
Spielen Sie „Autos schieben" mit dem Kind.

▶ Knoten Sie eine Schnur an das Auto, und zeigen Sie dem Kind,
wie man das Auto zieht.

▶ Funktionieren Sie einen Karton zu einem Tunnel um, indem Sie
ein Loch hineinschneiden, und ihn auf den Boden stellen.

▶ Schieben Sie das Auto durch das Loch im Karton. Sagen Sie
zu dem Kind: „Hier kommt das Auto durch den Tunnel."

▶ Geben Sie dem Kind die Anweisungen „Zieh das Auto durch
den Tunnel" oder „Schieb das Auto durch den Tunnel".

▶ Zeigen Sie dem Kind, wie es Sachen mit Hilfe einer Pappröhre schieben
kann. Versuchen Sie, auf diese Weise einen Ball durch den Raum zu
schieben.

Das Erste, das Zweite ...

Die Idee von Reihenfolgen zu verstehen, ist keine einfache Sache. Kinder brauchen dafür Spiele, die ihnen diese Idee veranschaulichen. Sie müssen aber auch die entsprechenden Begriffe wie „der Erste, der Zweite, der Dritte" hören.

So geht es

▶ Setzen Sie sich mit dem Kind auf den Boden.
Zeigen Sie ihm mehrere ineinandergestapelte Becher.

▶ Nehmen Sie die ersten beiden Becher nacheinander heraus.
Dabei sagen Sie: **„Das ist der erste Becher. Das ist der zweite Becher."**

▶ Wenn das Kind ein paar Minuten lang mit den Bechern gespielt hat, bitten Sie es, Ihnen den ersten Becher zu geben. Dann bitten Sie es, Ihnen den zweiten Becher zu geben.

▶ Wiederholen Sie dieses Spiel immer wieder. Achten Sie darauf, die Begriffe „Erster" und „Zweiter" einzuflechten.

Hinweis

Je nach sprachlichen Fähigkeiten des Kindes können Sie auch einfach **„Das ist der erste"** statt **„Das ist der erste Becher"** sagen.

157

Die Küchenmusiker

Fast alle Gegenstände lassen sich zu „Musikinstrumen-
ten" umfunktionieren. Da Kinder Geräusche lieben, wird
ihnen dieses Spiel besonders große Freude machen.

So geht es

▶ Holen Sie Töpfe, Pfannen, Plastikschüsseln, Holz- und
Metalllöffel und alles andere hervor, mit dem man Musik
machen kann.

▶ Setzen Sie sich mit dem Kind auf den Boden. Beginnen Sie, mit
den Löffeln auf die Töpfe zu hauen, schlagen Sie die Topfdeckel und
Löffel gegeneinander usw.

▶ Geben Sie dem Kind einen Löffel und einen Topf,
und ermuntern Sie es, Sie nachzuahmen.

▶ Singen Sie den folgenden Vers
zu einer selbst erdachten Melodie:

Töpfe und Pfannen machen Musik,
machen Musik, machen Musik.
Töpfe und Pfannen machen Musik,
klink, klink, klonk.

Schütteltüten-orchester

„Musizieren" bereitet fast jedem Kind Vergnügen – besonders, wenn es die Instrumente zuvor selbst gebastelt hat.

So geht es

▶ Bemalen Sie mit dem Kind zwei Papiertüten mit Filzstiften. Basteln Sie anschließend zwei Schüttelinstrumente daraus, indem Sie ein wenig Reis oder ein paar getrocknete Bohnen hineintun und sie gut zubinden oder kleben.

▶ Geben Sie eine Tüte dem Kind, die zweite ist für Sie. Zeigen Sie ihm, wie es schütteln und so Musik machen kann.

▶ Singen Sie Lieder, die das Kind kennt und mag, und schütteln Sie dazu im Rhythmus die Tüten.

▶ Spielen Sie Musik mit unterschiedlichen Tempi und Stilrichtungen, zum Beispiel Märsche, Walzer oder andere Musikstücke mit einem ausgeprägten Rhythmus. Begleiten Sie die Musik wieder durch rhythmisches Schütteln der Tüten.

Rhythmischer Holzlöffel

So geht es

▶ Setzen Sie sich neben das Kind auf den Boden. Geben Sie ihm einen Holzlöffel (als „Rhythmusstab"), und nehmen Sie selbst auch einen in die Hand. Zeigen Sie dem Kind, wie es damit sachte auf den Boden schlagen kann.

▶ Experimentieren Sie gemeinsam mit dem Kind. Schlagen Sie kräftig mit dem Stab, sodass ein lautes Geräusch entsteht. Sagen Sie dabei das Wort „laut". Dann versuchen Sie, behutsam zu schlagen und sagen dabei das Wort „leise".

▶ Verfahren Sie ebenso mit den Begriffen „schnell" und „langsam".

▶ Wenn das Kind diese Begriffe versteht und seine Bewegungen mit dem Löffel kontrollieren kann, geben Sie ihm folgende Anweisungen, und beobachten Sie, ob es diese befolgen kann:

Schlage schnell mit dem Stab.
Schlage langsam mit dem Stab.
Schlage laut mit dem Stab.
Schlage leise mit dem Stab.

Tipp

Probieren Sie auch aus, wie es klingt, wenn man mit dem Löffel auf unterschiedliche Oberflächen schlägt, zum Beispiel auf den blanken Boden, auf einen Teppich etc.

Wo ist der Stuhl?

Ab dem 18. Monat verbessern sich die Konzentrations-
fähigkeit und Gedächtnisleistung des Kindes. Unterstützen
Sie diesen Entwicklungsprozess mit dem folgenden Spiel.

So geht es

▶ Suchen Sie in Zeitschriften nach Bildern von Gegenständen
und Möbeln, die in Ihrer Einrichtung oder Ihrer Wohnung zu
finden sind, z.B. von Tischen, Stühlen, Betten, Kühlschränken,
Waschbecken, Toiletten und anderen Sachen. Schneiden Sie
die Bilder aus.

▶ Zeigen Sie dem Kind diese Bilder, und unterhalten Sie sich mit ihm
darüber.

▶ Legen Sie alle Bilder in einen Karton, und lassen Sie das Kind
eines aussuchen.

▶ Fragen Sie es, was auf dem Bild zu sehen ist. Wenn es ein Bett ist,
sagen Sie: „Wo ist dein Bett?" Lassen Sie sich das Bett zeigen.

▶ Fahren Sie auf diese Weise fort: Benennen Sie die Gegenstände
auf den Bildern und suchen Sie einen entsprechenden Gegenstand
in Ihrer Einrichtung oder Ihrem Haushalt.

▶ Wenn das Kind die abgebildeten Sachen identifizieren kann,
machen Sie das Spiel ein wenig schwieriger:
Zeigen Sie ihm Bilder von Gegenständen, die in Schränken
oder Schubladen aufbewahrt werden.

Besuch zum Frühstück

Mit einem kleinen Kind „so zu tun, als ob" macht allen
Beteiligten großen Spaß. Und ganz nebenbei fördert man
dabei auch die Fantasie und das kreative Denken der Kleinen.

So geht es

▶ Laden Sie die Stofftiere des Kindes zum Frühstück ein.
Setzen Sie sie im Kreis um das Kind herum, und tun Sie so,
als würden Sie ihnen etwas zu essen geben.

▶ Stellen Sie Fragen wie: „Magst du Orangensaft?" oder
„Wie schmeckt das Müsli?" Beantworten Sie die Fragen mit
verstellter Stimme.

▶ Sie werden sehen, dass das Kind schon bald ein „Als ob"-Spiel
mit seinen plüschigen Freunden spielt.

Mittagessen mit dem Teddy

Rollenspiele helfen Kindern, die unterschiedlichsten Situationen zu erproben und dabei soziale Handlungsmuster zu erlernen.

So geht es

▶ Erzählen Sie dem Kind, dass Sie den Teddy heute zum Mittagessen erwarten.

▶ Legen Sie ein zusätzliches Gedeck für den Teddy auf. Sprechen Sie dabei über das, was Sie tun: „Hier ist ein Teller für den Teddy, hier ist ein Becher für ihn."

▶ Ermuntern Sie das Kind, dem Teddy Fragen zu stellen: „Fragst du den Teddy, ob er Erdnussbutter mag?" So lernt das Kind allmählich, was man in solchen Situationen sagt. Wenn es die Frage gestellt hat, fragen Sie: „Und was hat der Teddy gesagt?"

Telefonieren üben

Wie Sie sicher wissen, finden kleine Kinder Telefone ganz toll. Sie machen gerne nach, wie Sie am Telefon reden.

So geht es

▶ Lassen Sie das Kind das Freizeichen hören.

▶ Rufen Sie einen Freund oder ein Familienmitglied an, und lassen Sie das Kind die vertraute Stimme hören.

▶ Ermuntern Sie das Kind, „Tschüß" zu der Stimme am Telefon zu sagen.

▶ Rufen Sie Telefonansagen an, wie die Zeitansage oder den Wetterbericht, und lassen Sie das Kind hören, was die Stimme am anderen Ende der Leitung sagt.

▶ Bevor Sie einen Ansagedienst anrufen, stellen Sie eine Frage zu der Ansage, z.B.: „Ich frage mich, wie spät es ist. Komm, wir rufen die Zeitansage an und finden es heraus."

Das Kinderreime-Wörter-Spiel

Mit Reimen fördern Sie die sprachliche Entwicklung des Kindes, und außerdem machen sie einfach Spaß.

So geht es

▶ Suchen Sie sich einen Kinderreim aus, und sprechen Sie ihn dem Kind eine Woche lang immer wieder in verschiedenen Situationen vor.

▶ Wenn Sie diese Reime ein paar Tage lang in ihrer ursprünglichen Form gelesen oder aufgesagt haben, lassen Sie ein Wort aus und ermuntern das Kind, es zu ergänzen.

▶ Sie können den Reim auch ausgestalten. Lassen Sie das Kind zum Beispiel Bilder von den Figuren oder Dingen malen, die im Reim vorkommen. Oder sprechen Sie ihn immer wieder in einer anderen Stimmlage.

▶ Beginnen Sie nach einer Woche mit einem neuen Reim. Vergessen Sie nicht, den bekannten Reim zunächst zu wiederholen.

Hinweis

Beginnen Sie mit einem sehr kurzen Reim.

Internettipp

Auf der Seite **www.kinderreimeseite.de** finden Sie eine umfangreiche Auswahl an Reimen.

Spiele für 19 bis 21 Monate

Schuhe und Strümpfe

Ein kleines Kind aus- und anzuziehen kann sich als größere Herausforderung erweisen. Machen Sie das Umziehen für das Kind interessanter, indem Sie es bewusst mit einbeziehen. Sie werden sehen, dass das Kind sehr bald großen Gefallen am Umziehen findet und es so viel müheloser gelingt.

So geht es

▶ Kleine Kinder spielen gerne mit ihren Schuhen. Binden Sie die Schnürsenkel auf, und ziehen Sie dem Kind die Schuhe über die Fersen, sodass es die Schuhe ohne Probleme ausziehen kann.

▶ Machen Sie es ebenso mit den Strümpfen.

▶ Während das Kind lernt, seine Schuhe und Strümpfe auszuziehen, fragen Sie nach, was es tut. Helfen Sie ihm, Worte zu finden, die beschreiben, was es tut.

▶ Ermuntern Sie das Kind, auch bei den übrigen Kleidungsstücken so viel wie möglich selbst zu machen.

Vergnügliche Farbenlehre

Verwandeln Sie das Anziehen in eine vergnügliche Lektion
über Farben und Kleidungsstücke.

So geht es

▶ Legen Sie die Sachen, die das Kind anziehen soll,
in einem Stapel auf den Boden.

▶ Bitten Sie das Kind, Ihnen das gelbe Hemdchen zu bringen.

▶ Wenn es Ihnen das richtige Kleidungsstück bringt, loben Sie es.
Wiederholen Sie, was es Ihnen gebracht hat: **„Gut gemacht!
Du hast mir das gelbe Hemdchen gebracht."**

▶ Wenn es Ihnen ein anderes Kleidungsstück bringt, sagen Sie
zum Beispiel: **„Danke, dass du mit die blaue Hose gebracht hast."**
Helfen Sie dem Kind, die blaue Hose anzuziehen, und bitten Sie es
dann noch einmal, Ihnen das gelbe Hemdchen zu bringen.

▶ Fragen Sie nach weiteren Kleidungsstücken, indem Sie wieder
ihren Namen und ihre Farbe benennen. Loben Sie das Kind,
wenn es eine Aufforderung richtig umgesetzt hat.

▶ Wenn dem Kind dieses Spiel leicht fällt, verteilen Sie die Kleidung
im Raum. Sagen Sie beispielsweise: **„Bring mir bitte die rote Mütze,
die auf dem Bett liegt."**

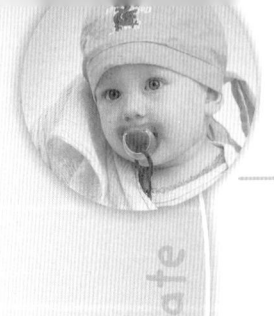

Mein Tag in Bildern

Kleine Kinder erkunden gerne sämtliche Dinge in ihrer Umgebung. Auch ein ganz persönliches Fotobuch kann ihr Interesse wecken.

So geht es

▶ Fotografieren Sie das Kind im Laufe eines Tages bei allen möglichen Gelegenheiten. Stellen Sie aus den Fotos und Fotokarton ein kleines Büchlein her.

▶ Sehen Sie sich die Bilder mit dem Kind zusammen an. Unterhalten Sie sich über die Sachen, die es während eines Tages macht: anziehen, essen, spielen, nach draußen gehen etc.

▶ Holen Sie das Fotobuch im Laufe des Tages immer wieder hervor. Zeigen Sie dem Kind das Frühstücksbild, wenn Sie frühstücken, und das Bild vom Spielen, wenn es spielt.

Kartongeschichten

Mit diesem Spiel ermuntern Sie das Kind dazu,
kleine Geschichten zu erfinden, und erweitern so seine
sprachlichen Fähigkeiten.

So geht es

▶ Nehmen Sie einen würfelförmigen Karton, zum Beispiel
einen Geschenkkarton, der so groß ist, dass Sie alle Seiten mit
Bildern bekleben können.

▶ Schneiden Sie aus Zeitschriften Bilder von Gegenständen aus,
mit denen das Kind vertraut ist. Kleben Sie auf jede Seitenwand
des Kartons mehrere der Bilder.

▶ Legen Sie sich auf eine Matte auf dem Boden. Legen Sie das Kind
neben sich. Zeigen Sie auf eine Seitenwand des Kartons, und beginnen
Sie, eine Geschichte zu den Bildern zu erzählen, die dort zu sehen sind.

▶ Drehen Sie den Karton so, dass das Kind eine andere Seitenwand
sehen kann, und beginnen Sie, eine andere Geschichte zu erzählen.

▶ Ermutigen Sie das Kind, dieses Spiel selbst zu spielen. Lassen Sie es
den Geschichtenkarton drehen und etwas zu den Bildern erzählen.

Tipp

Sie können auch Bilder aus der Lieblingsgeschichte des Kindes
auf die Kartonwände kleben.

Spiele für 19 bis 21 Monate

Die Post ist da!

Werfen Sie Werbebriefe nicht weg. Verwenden Sie sie lieber, um die sprachliche Entwicklung und die Auge-Hand-Koordination des Kindes zu fördern. Das Kind hat sicher seinen Spaß daran, die Post genau zu untersuchen.

So geht es

▶ Geben Sie dem Kind einige Briefumschläge mit Werbepost, und ermuntern Sie es, diese zu öffnen. Wenn es dem Kind nicht gelingt, schlitzen Sie den Briefumschlag auf, sodass es die Post herausziehen kann.

▶ Die Umschläge sind voller wunderbarer Überraschungen: Bilder und alle möglichen Papiersorten, -formen und -größen kommen zum Vorschein. Lassen Sie das Kind die Post genau untersuchen, und sprechen Sie dabei mit ihm über seine Entdeckungen.

Tipp

Tun Sie so, als seien Sie der Briefträger und sagen Sie: „Die Post ist da! **Für dich sind ein paar Briefe dabei. Mal sehen, von wem sie sind."** Tun Sie so, als läsen Sie einen Brief von Oma, Onkel Harry und anderen Verwandten vor, die das Kind kennt.

Meine Familie in Bildern

Familienfotos anzusehen, macht Kindern und Erwachsenen Spaß, egal, wie alt sie sind. Wie wäre es mit einem Foto-album für das Kind?

So geht es

▶ Suchen Sie ein ganz besonderes Album für das Kind aus und schreiben Sie seinen Namen auf den Deckel. Sie können es auch aus Fotokarton selbst basteln.

▶ Kleben Sie ein Bild von jedem Familienmitglied in das Album, das das Kind kennt. Vergessen Sie alle anderen vertrauten Personen wie Tagesmütter, Erzieherinnen und auch die Haustiere nicht!

▶ Betrachten Sie von Zeit zu Zeit gemeinsam mit dem Kind die Bilder und sprechen Sie mit ihm darüber. Fragen Sie zum Beispiel auch nach den Namen der abgebildeten Personen, und lassen Sie sich etwas über die Personen erzählen.

Wunderbare Bücherwelt

Dem Kind Bücher vorzulesen, ist bereits von der Geburt an wichtig und sollte noch lange beibehalten werden. Allerdings können kleine Kinder noch nicht sehr lange stillsitzen. Es kann somit sein, dass das Kind sich mit Ihnen zusammen ein Buch ansieht, für eine Weile weggeht und dann wiederkommt.

So geht es

▶ Lesen Sie den Kindern Bücher vor, die mit ihrem Alltag zu tun haben. Bücher über Mamas und Papas, über Familien, Tiere, Babys, über das Zubettgehen und das Auf-dem-Töpfchen-Sitzen, darüber, wie Sachen funktionieren, und vieles mehr sind für Kinder sehr spannend.

▶ Halten Sie auch die Augen nach interessanten Bilderbüchern offen. Bilder können wunderbare Neuigkeiten beinhalten, und Gespräche darüber können die sprachlichen Fähigkeiten des Kindes fördern.

Tipp

Kleine Kinder mögen Bücher mit vielen Wiederholungen und Reimen und vorhersehbarer Handlung.

Sandige Angelegenheit

Eine Sandkiste oder ein Sandtisch sind ideale Spielzeuge für kleine Kinder, denn das Spielen mit Sand fördert viele unterschiedliche Fähigkeiten, wie z.B. grobes und feines Modellieren und Konstruieren, Einfallsreichtum, Körperwahrnehmung.

So geht es

▶ Hier sind ein paar Vorschläge dafür, was man mit Sand alles anstellen kann:

- ○ Becher und andere Behälter füllen und wieder auskippen
- ○ Straßen bauen und Autos darauf fahren lassen
- ○ die nackten Füße im Sand vergraben
- ○ Berge aus Sand bauen
- ○ Spielsachen im Sand vergraben und auf Schatzsuche gehen, um sie zu suchen
- ○ mit einer Plastikschaufel Sand in einen Eimer schaufeln

... für 1-Jährige

Buntes Wasser

Dieses Spiel machen Sie am besten im Freien mit dem Kind. Es wird von den „Farbverwandlungen" fasziniert sein.

So geht es

▶ Stellen Sie farbiges Wasser her, indem sie es mit einigen Tropfen Lebensmittelfarbe vermischen. Füllen Sie das Wasser in ein paar farbige transparente Plastikbehälter. Die Behälter sollten so klein sein, dass das Kind sie in die Hand nehmen kann.

▶ Zeigen Sie dem Kind, wie man den Inhalt eines Behälters in einen anderen schüttet. Bei dieser Gelegenheit übt das Kind nicht nur seine feinmotorischen Fertigkeiten, sondern beobachtet auch, wie sich die Farben verändern.

Ein bisschen Vogelkunde

Vögel zu beobachten ist auch für Erwachsene faszinierend.
Und gemeinsam mit dem Kind macht es noch mehr Spaß.

So geht es

▶ Basteln Sie einen einfachen Futterplatz für Vögel. Nehmen Sie einen Fichtenzapfen, bestreichen Sie ihn mit Erdnussbutter und wälzen Sie ihn in Vogelsamen.

▶ Hängen Sie den Zapfen in der Nähe eines Fensters auf, von dem aus Sie die hungrigen Vögel gut beobachten können.

▶ Sprechen Sie mit dem Kind über Vögel und darüber, was sie fressen und wo sie ihr Futter finden.

▶ Sie werden überrascht sein, wie viele unterschiedliche Vögel sich bei Ihrem Futterzapfen einfinden. Nutzen Sie die Gelegenheit, sich mit dem Kind über ihr Gefieder, ihre Größe, ihre Sprache und andere Merkmale zu unterhalten.

Zwei Grashüpfer

Kinder schlüpfen gerne in verschiedene Rollen – und das müssen nicht unbedingt immer Personen sein! Verwandeln Sie sich doch einmal in Grashüpfer. Das macht Spaß und fördert die Koordinationsfähigkeit.

So geht es

▶ Beobachten Sie mit dem Kind im Sommer Grashüpfer im Freien. Falls es ihrer Gegend keine Grashüpfer leben, zeigen Sie dem Kind Bilder von diesen Tieren.

▶ Es macht großen Spaß, Grashüpfern beim Hüpfen zuzusehen. Zeigen Sie dem Kind, wie man wie ein Grashüpfer springen kann.

▶ Ermuntern Sie das Kind, sich ebenfalls wie ein Grashüpfer fortzubewegen. Hüpfen Sie mit ihm kreuz und quer durch die Gegend.

▶ Versuchen Sie, das Zirpen eines Grashüpfers zu imitieren, und fordern Sie das Kind auf, es Ihnen gleich zu tun.

Schattenspiele

Gehen Sie mit dem Kind ins Freie, wenn die Sonne
scheint. Richten Sie seinen Blick auf Dinge, die es sonst
vielleicht nicht so bewusst wahrnimmt.

So geht es

▶ Wandern Sie durch den Außenbereich Ihrer Einrichtung
oder durch Ihren Garten, und zeigen Sie dem Kind Schatten von
Bäumen, Gebäuden usw.

▶ Zeigen Sie dem Kind Ihren Schatten. Ermuntern Sie es, sich
auf Ihren Schatten zu stellen.

▶ Ermuntern Sie das Kind, über Ihren Schatten zu springen.
Treten Sie auf seinen Schatten.

▶ Ermuntern Sie das Kind, seinen Schatten zu verändern, indem Sie
z.B. sagen „Mach dich mal ganz groß" oder „Mach dich mal ganz
dick" oder „Sei mal ein großer Vogel, der seine weiten Flügel
schwingt" etc.

▶ Werfen Sie mit dem Teddy des Kindes einen weiteren Schatten
auf den Boden. Ermuntern Sie das Kind, den Teddyschatten einzufangen,
indem es auf den Schatten springt. Ziehen Sie den Schatten bisweilen weg,
bevor das Kind ihn erreicht hat, aber achten Sie doch darauf, dass das Kind
auch genügend Erfolgserlebnisse hat. Loben Sie es dann für seine
Schnelligkeit.

Spiele für 19 bis 21 Monate

Gartenschlauch-vergnügen

Viele Kinder lieben Spiele mit Wasser. Nimmt man einen Gartenschlauch dazu, so ergeben sich unzählige tolle Spielmöglichkeiten. Das folgende Spiel spielen Sie am besten an einem warmen Sommertag. Gehen Sie mit dem Kind ins Freie, und probieren Sie die folgenden Spielvorschläge aus.

So geht es

▶ Formen Sie einen großen Bogen mit dem Wasserstrahl, indem Sie seine Spitze schräg nach oben halten, und lassen Sie das Kind darunter herlaufen.

▶ Spritzen Sie das Wasser ein kleines Stück über dem Boden wie ein Seil geradeaus, und lassen Sie das Kind darüberspringen. Je nachdem, wie weit die motorischen Fähigkeiten und das Körpergefühl des Kindes ausgebildet sind, können Sie den Strahl auch wie ein Springseil verwenden, in einem großen Bogen schwingen und das Kind darüberspringen lassen.

▶ Halten Sie den Wasserstrahl ein bisschen höher, sodass das Kind darunter herkrabbeln kann.

▶ Machen Sie eine Matsch- oder Sandpfütze, in der das Kind mit seinen Händchen und Füßchen matschen kann.

▶ Lassen Sie den Wasserstrahl sich wie eine Schlange winden, indem Sie ihn von links nach rechts bewegen.

Mehr Spaß mit dem Gartenschlauch

Wenn Kinder erst einmal Gefallen an dem feucht-fröhlichen Spiel mit dem Gartenschlauch gefunden haben, wollen sie diesen schnell selbst in die Hand nehmen und munter drauflosspritzen. Gehen Sie mit dem Kind an einem warmen Sommertag nach draußen und probieren Sie folgende Spielvorschläge aus.

So geht es

▶ Geben Sie dem Kind den Schlauch, und helfen Sie ihm, den Rasen und die Blumen mit dem Schlauch zu gießen.

▶ Stellen Sie mehrere Eimer oder Plastikbecher in einer Reihe nebeneinander auf einer Erhöhung auf (z.B. eine Bank oder ein Geländer), und lassen Sie das Kind die Becher mit dem Wasserstrahl umstoßen. Loben Sie das Kind, wenn es die Becher mit dem Wasserstrahl erwischt hat.

▶ Hängen Sie den Schlauch über einen Ast oder eine Schaukel, und lassen Sie das Wasser gerade herunterströmen. Ermuntern Sie das Kind, den geraden Strahl abzulenken, indem es seine Hände, Arme, Beine und Füße in den Strahl hält. Achten Sie dabei darauf, dass der Strahl nicht zu stark eingestellt ist.

Entspannendes Fußbad

Das Baby erweitert bei diesem Spiel sein Köperbewusstsein und kann sich zugleich entspannen und zur Ruhe kommen.

So geht es

▶ Füllen Sie warmes Wasser in eine Plastikschüssel oder einen Eimer. Fügen Sie ein wenig Flüssigseife hinzu.

▶ Bitten Sie das Kind, sich Socken und Schuhe auszuziehen. Erklären Sie ihm, dass Sie ein ganz besonderes Spiel mit seinen Füßen spielen werden.

▶ Tauchen Sie Ihre Hände in das Seifenwasser. Massieren Sie einen Fuß des Kindes mit Ihren feuchten Händen.

▶ Während Sie den Fuß massieren, berühren und sprechen Sie über Zehen, Fußgelenk, Ferse, Rist, Sohle und Haut.

▶ Trocknen Sie den Fuß gründlich ab. Machen Sie es mit dem anderen Fuß genauso.

Spiele für 22 bis 24 Monate

Spiel mit der Bratenspritze

Dieses Spiel erfordert eine Menge Geschick. Das Kind wird seinen Spaß daran haben, mit dem Wasser zu spritzen und zu sehen, wie die Schüsseln sich leeren und füllen.

So geht es

▶ Stellen Sie zwei mittelgroße Plastikschüsseln nebeneinander.

▶ Füllen Sie eine Schüssel mit Wasser. Fügen Sie ein paar Tropfen Lebensmittelfarbe hinzu, dann bekommt das Spiel einen künstlerischen Anstrich.

▶ Legen Sie eine Bratenspritze bereit. Die Bratenspritze können sie in Haushaltswarengeschäften ab etwa 5 € erwerben. Sie funktioniert wie eine Pipette, bei der man einen Unterdruck erzeugt, indem man den Gummipfropfen am Ende des Röhrchens zusammendrückt, in eine Flüssigkeit taucht, den Pfropfen wieder loslässt und somit Flüssigkeit in das Röhrchen aufnimmt.

▶ Zeigen Sie dem Kind, wie man die Bratenspritze ins Wasser hält und den Gummipfropfen zusammendrückt. Zeigen Sie ihm, wo es sehen kann, wie das Wasser in das Röhrchen steigt. Lassen Sie es selbst ausprobieren, Wasser mit dem Gummiballon in das Röhrchen zu saugen.

▶ Zeigen Sie dem Kind, wie es das Wasser in der Bratenspritze in die zweite Schüssel spritzen kann. Dann darf das Kind versuchen, ob ihm dies gelingt.

Licht an, Licht aus

Kleine Kinder verbringen einen guten Teil ihrer Zeit mit
dem Versuch, sich Fähigkeiten anzueignen, die ihnen mehr
Selbstständigkeit bescheren. Eine Fähigkeit, die alle Kinder
immer wieder gerne trainieren, ist das Betätigen von
Lichtschaltern.

So geht es

▶ Lassen Sie das Kind versuchen, eine Tischlampe mit einem
Zugschalter ein- und auszuschalten. Verlängern Sie die Schnur dafür
so, dass das Kind herankommt, und zeigen Sie ihm zunächst einmal,
wie der Schalter funktioniert. Dann darf das Kind ausprobieren,
ob es die Lampe ein- und ausschalten kann.

Sicherheitstipp

Vergewissern Sie sich, dass dem Kind dabei keine Gefahr droht.
Sorgen Sie dafür, dass die Lampe weder umkippen, noch dass das Kind
sich daran verbrennen kann. Bleiben Sie unbedingt in der Nähe.

Hinweis

Das Kind wird sehr stolz sein, wenn es ihm gelingt, das Licht ganz
allein ein- und auszuschalten.

Ein Aufräumspiel

Manche lästige, aber notwendige Arbeit macht plötzlich
richtig Spaß, wenn man daraus ein kleines Spiel macht.

So geht es

▶ Bieten Sie dem Kind an, ihm beim Aufräumen zu helfen,
falls es keine Lust mehr hat, mit seinen Spielsachen zu spielen.

▶ Spielen Sie dazu Kinderlieder von einer CD ab. Tanzen Sie
gemeinsam mit dem Kind zur Musik durch das unaufgeräumte
Zimmer. Dabei können Sie auch zu den Liedern mitsingen.
Achten Sie aber immer darauf, dass das Kind nicht über die
herumliegenden Sachen stolpert und fangen Sie es ggf. auf.

▶ Nach einer Weile lassen Sie die Musik stoppen. In diesem Moment
stoppt auch Ihr Tanz. Ermuntern Sie auch das Kind dazu, einen kurzen
Moment mit dem Tanzen aufzuhören und stehen zu bleiben.

▶ Dann muss jeder von Ihnen das Teil aufheben, das ihm am nächsten
liegt, und es in den dafür vorgesehenen Behälter oder die Schublade legen.
Zeigen Sie dem Kind, wie das geht.

▶ Wenn Sie etwas hineingelegt haben, machen sie dabei immer ein
lustiges Geräusch wie z.B. „**Pufffff**". Achten Sie aber darauf, dass es
ein Geräusch ist, das das Kind auf jeden Fall nachmachen kann.

▶ Danach stellen Sie die Musik wieder an und wiederholen
den Vorgang so oft, bis alle Spielsachen weggeräumt sind.

Abrakadabra, simsalabim!

Die „Zauberworte" machen dieses Spiel für das Kind
besonders geheimnisvoll und aufregend.

So geht es

▶ Nehmen Sie einen großen Bogen Papier, und zeichnen Sie
darauf die Umrisse von Gegenständen ab, mit denen das Kind
vertraut ist, zum Beispiel Bausteine, Löffelchen, ein beliebtes
Spielzeug oder Ausstechförmchen.

▶ Legen Sie diese Gegenstände in einen Karton und sprechen Sie
die folgenden „Zauberworte" mit dem Kind:

Abrakadabra,
simsalabim!
Sieh in die Kiste.
Was ist da drin?

▶ Ermuntern Sie das Kind, einen der Gegenstände aus dem Karton
zu nehmen. Helfen Sie ihm, den entsprechenden Umriss auf dem Papier
zu finden und den Gegenstand genau dorthin zu legen.

Hinweis

Wenn Sie merken, dass das Kind sich nicht mehr auf das Spiel
konzentrieren kann, hören Sie mit dem Spiel auf.

Spiel mit den Händchen

Bei Spielen, die Hand- und Fingerbewegungen einschließen, trainieren kleine Kinder Muskelpartien, die für ihre spätere Entwicklung sehr wichtig sind.

So geht es

▶ Hier sind ein paar Vorschläge für spielerische Bewegungen mit Händen und Fingern. Machen Sie diese dem Kind vor, und es wird sie sicher schon nach kurzer Zeit selbst ausprobieren.

o mit den Fingern wackeln

o die Finger abwärts bewegen und dabei das Rieseln des Regens nachahmen

o aus den Fingern Kreise formen und sie wie ein Fernglas vor die Augen halten

o die Finger wie Pinsel bewegen

o die Fäuste gegeneinanderschlagen, dann in die Hände klatschen, sodass unterschiedliche Geräusche entstehen (Wechseln Sie zwischen beiden Bewegungen, oder denken Sie sich eine bestimmte Abfolge aus: Faust, klatsch; Faust, Faust, klatsch, klatsch; Faust, klatsch, klatsch usw.)

o die Hände wie aufplatzendes Popcorn aufschnappen lassen

o Daumen und Zeigefinger öffnen und schließen, um nach der Nase des Kindes zu schnappen

Vögelchen im Vogelhaus

Die Feinmotorik des Kindes entwickelt sich in diesem Alter in einem hohen Tempo weiter. Schon bald wird es mit seinen Fingern wie ein Erwachsener greifen können.

So geht es

▶ Zeigen Sie dem Kind, wie man den Daumen der einen Hand in die Faust der anderen Hand steckt.

▶ Gelingt es dem Kind, den Daumen in die Faust zu schieben und wieder herauszuholen, dann sprechen Sie ihm den folgenden Vers vor:

Vögelchen im Vogelhaus,
bist so still,
(Stecken Sie den Daumen in die Faust.)
kommst du nicht raus?
Hier bin ich!
(Ziehen Sie den Daumen hervor.)

Spiele für 22 bis 24 Monate

Vier bunte Bausteine

Das Spielen mit Bauklötzen ermöglicht unzählige Lern-erfahrungen. Zählen lernen macht gleich noch mehr Spaß, wenn man dabei gleichzeitig Türme bauen kann.

So geht es

▶ Nehmen Sie vier Bausteine in unterschiedlichen Farben, und legen Sie sie auf den Boden. Sprechen Sie mit dem Kind über die Farben der Bausteine.

▶ Sagen Sie dabei: „**Einer für Uta** (Ihr Name)**, einer für Papa, einer für den Teddy und einer für dich.**" Verwenden Sie die Namen von Familienmitgliedern oder Spielkameraden, die dem Kind vertraut sind.

▶ Nehmen Sie die Bausteine einen nach dem anderen, und stapeln Sie sie aufeinander. Sagen Sie dabei folgenden Vers:

Vier bunte Bausteine,
eins, zwei, drei und vier.
(Zeigen Sie beim Zählen auf die einzelnen Bausteine.)
Einer für Uta (Ihr Name), einer für Papa, einer für den Teddy.
Doch der letzte Baustein, der gehört dir.

▶ Wenn der Turm aus vier Bausteinen fertig ist, wiederholen Sie den Vers. Fordern Sie das Kind dazu auf, die Bausteine einen nach dem anderen wieder vom Turm herunterzunehmen.

Ein Spiel
mit Pappröhren

Experimente mit Pappröhren machen großen Spaß,
besonders, wenn man kleine Spielzeuge hindurchsausen
lässt.

So geht es

▶ Stellen Sie eine Auswahl an unterschiedlich großen Pappröhren
zusammen, zum Beispiel von Küchenrollen, Rollen mit Klarsicht-
oder Alufolie oder Toilettenpapierrollen.

▶ Setzen Sie sich mit dem Kind auf eine Matte auf den Boden, und
zeigen Sie ihm, wie sich die Pappröhren ineinanderschieben lassen.

▶ Ermuntern Sie das Kind, dies selbst auszuprobieren. Loben Sie es,
wenn es ihm gelingt, eine Röhre in eine andere zu schieben.

▶ Nehmen Sie kleine Spielzeuge, die ohne Probleme durch die Pappröhren
passen. Zeigen Sie dem Kind, wie es sie durch die Pappröhren sausen
lassen kann. Fordern Sie es auf, es selbst zu versuchen.

Sicherheitshinweis

Sie sollten das Kind bei diesem Spiel nicht aus den Augen lassen,
damit es keine Kleinteile verschluckt.

Kreative Collagen

Bieten Sie dem Kind gerade in diesem Alter viele kreative Spielmöglichkeiten. So hält die kreative Phase, in der es sich momentan befindet, möglicherweise für eine Zeitspanne von mehreren Jahren an.

So geht es

▶ Sammeln Sie alle möglichen Materialien für Collagen: Papier, Reklamepost, Grußkarten, Styroporstücke, Bänder, Fäden, Geschenkpapier, Bohnen usw.

▶ Legen Sie einen großen Bogen festes Papier oder Pappe auf den Tisch.

▶ Betupfen Sie die Bestandteile Ihrer Collage einen nach dem anderen mit Klebestoff. Geben Sie die Gegenstände nacheinander an das Kind weiter, damit es sie auf die Pappe klebt.

▶ Hängen Sie die fertige Collage gut sichtbar auf, damit sie alle bewundern können.

Sicherheitstipp

Lassen Sie das Kind beim Hantieren mit den Materialien nicht aus den Augen. Auch in diesem Alter kommt es noch vor, dass es Sachen in den Mund steckt. Wenn Sie dabei bleiben, kann das Kind auch versuchen, selbstständig mit dem Klebestift zu arbeiten. Sie können sich aber auch von dem Kind zeigen lassen, was es für das Klebebild verwenden will und diese Teile dann selbst mit Klebstoff bestreichen.

Klebespaß auf Klebetafel

Dieses Spiel erfordert einige Vorbereitungen. Sie werden aber merken, dass sich die Mühe lohnt, wenn Sie sehen, wie viel Spaß das Kind mit diesem Spielzeug hat.

So geht es

▶ Basteln Sie eine Klebetafel: Nehmen Sie einen Bogen Fotokarton im A2-Format, und legen Sie transparente Selbstklebefolie darüber.

▶ Ziehen Sie das Schutzpapier von der Selbstklebefolie, sodass die klebrige Seite nach oben zeigt.

▶ Befestigen Sie die Selbstklebefolie mit Klebestreifen an der Pappe. Rahmen Sie die Klebetafel, indem Sie schmale Fotokartonstreifen an den vier Rändern auf die Folie kleben.

▶ Schneiden Sie Bilder aus Zeitschriften aus, die das Kind nehmen und auf die Klebetafel kleben kann. Suchen Sie die Bilder passend zur Jahreszeit aus. Zu einer herbstlichen Auswahl würden beispielsweise Bilder von Bäumen, Eichhörnchen oder Äpfeln passen. Eine bunte Auswahl von echten getrockneten Blättern wäre hier natürlich noch schöner.

▶ Überlegen Sie gemeinsam mit dem Kind, welches Bild/Blatt Sie wohin kleben wollen.

Schneebilder

Welches Kind wartet im Winter nicht ungeduldig auf die ersten Schneeflocken? Dieses Spiel sollten Sie spielen, wenn es geschneit hat und der Boden mit Schnee bedeckt ist.

So geht es

▶ Geben Sie dem Kind einen Bogen weißes Papier. Fordern Sie es dazu auf, das Papier in kleine Stücke zu reißen. Alternativ können Sie auch weißes Krepppapier verwenden und das Kind größere Schnipsel zu Papierbällen zusammenknüllen lassen.

▶ Nehmen Sie einen Bogen blauen Fotokarton, und legen Sie ihn auf einen Tisch. Bestreichen Sie ihn mit etwas Klebstoff. Das Kind darf jetzt die „Schneeflocken" auf dem blauen Papier verteilen. Besonderen Spaß macht es dem Kind, wenn es die Papierschnipsel von oben auf den blauen Bogen „herabschneien" lassen kann.

▶ Wenn das Bild fertig ist, hängen Sie es auf, sodass alle es sehen können.

Mit Knete experimentieren

Beim kreativen Spiel mit verschiedenen Materialien kann
das Kind seiner Kreativität Ausdruck verleihen. Dabei
gewinnt es auch neue haptische Eindrücke.

So geht es

▶ Nehmen Sie ungiftige Kinderknete in unterschiedlichen Farben.
Probieren Sie dann zusammen mit dem Kind die folgenden
Vorschläge für Aktivitäten mit Ton aus:

- Helfen Sie dem Kind, Kugeln und Schlangen zu formen.
- Unterhalten Sie sich über die Farben des Tons.
  Mischen Sie unterschiedliche Farben.
- Bilden Sie Formen wie Dreiecke, Kreise und Quadrate.
- Drücken Sie die Knete mit Hilfe eines Teigrollers flach,
  oder rollen Sie ihn aus. Machen Sie
  mit Bausteinen, Spielzeugen,
  einem Kamm oder
  Steinen Muster in
  die glatte Oberfläche.
- Stechen Sie Formen
  mit Ausstechförmchen aus.

Stickerbriefe für liebe Menschen

Kleine Kinder lieben Sticker! Basteln Sie einen ganz besonderen Brief für die Mama, einen Freund, für Oma und Opa oder für Sie beide.

So geht es

▶ Suchen Sie Sticker zusammen, die die gleiche Form haben. Das Kennenlernen von Formen fällt Kindern leichter, wenn sie es zunächst mit geometrischen Formen zu tun haben.

▶ Schreiben Sie eine einfache Botschaft auf ein DIN-A5-Blatt, z.B. „Hallo, Opa, ich hab dich lieb."

▶ Sagen Sie dem Kind, was Sie geschrieben haben. Dann darf das es das Blatt mit Stickern verzieren. Vielleicht müssen Sie ihm anfangs zeigen, wie man die Sticker von der Schutzfolie abzieht und sie auf das Papier klebt.

▶ Wenn der Brief fertig ist, übergeben oder senden Sie ihn an die ganz besondere Person, für die er gedacht war.

Laute und leise Döschen

Bei diesem Spiel kann das Kind nicht nur seine Hörfähigkeit trainieren. Es entwickelt auch ein Gefühl für Gewichtsunterschiede.

So geht es

▶ Füllen Sie mehrere Filmdöschen mit Sachen, die unterschiedliche Geräusche erzeugen können, zum Beispiel mit einer Münze, einem Knopf, mit Wattebällchen, Popcorn oder Sand. Vergewissern Sie sich, dass die Döschen fest verschlossen sind.

▶ Zeigen Sie dem Kind, wie man die Filmdöschen schüttelt. Geben Sie ihm Zeit, sie zu schütteln und sich mit allen Klängen vertraut zu machen.

▶ Suchen Sie zwei Döschen aus. Nehmen Sie eines, das relativ laute und eines, das eher leise Geräusche erzeugt. Schütteln Sie die Dose, die dabei ein eher leises Geräusch verursacht, und sagen Sie mit sehr leiser Stimme: „**Leise ... schschsch.**" Schütteln Sie die Dose, die ein lauteres Geräusch verursacht, und sagen Sie mit lauter Stimme: „**Laut.**"

▶ Ermuntern Sie das Kind, erst die leise und dann die laute Dose zu schütteln.

▶ Lassen Sie das Kind verschiedene Döschen auswählen. Sprechen Sie mit ihm darüber, ob die Geräusche, die man damit machen kann, eher laut oder eher leise klingen.

195

Trommelschläge

Rhythmische Erfahrungen helfen jungen Kindern,
ihre Hör- und Koordinationsfähigkeit auszubauen.

So geht es

▶ Spielen Sie dem Kind Aufnahmen von Trommelmusik
von Kassette oder CD vor.

▶ Zeigen Sie dem Kind verschiedene Möglichkeiten,
zum Rhythmus der Musik zu trommeln oder sich zum Rhythmus
der Musik zu bewegen. Beispiele:

o mit den Fäusten auf verschiedene Oberflächen klopfen
o mit Holzlöffeln auf verschiedenen Oberflächen trommeln
o auf einer weichen Matte auf dem Boden sitzen und
mit dem Po zur Musik hochhüpfen
o mit imaginären Trommelstöcken in der Luft spielen
o den ganzen Körper zur Musik schütteln

Eine Uhr aufziehen

Sie benötigen nicht immer spezielles Kinderspielzeug,
um das Kind bei seinen Entwicklungsschritten zu unterstützen. Mittels einer aufziehbaren Uhr können Sie die
Auge-Hand-Koordination des Kindes fördern.

So geht es

▶ Zeigen Sie dem Kind einen Wecker, der sich aufziehen lässt.

▶ Zeigen Sie ihm die Schraube auf der Rückseite, mit der man den
Wecker aufziehen kann. Sie können auch eine Spieluhr oder ein
aufziehbares Spielzeug nehmen.

▶ Lassen Sie das Kind auf das „Tick, tack" der Uhr lauschen.

▶ Machen Sie das Geräusch nach, und sagen Sie **„Tick, tack"**.
Fordern Sie das Kind auf, ebenfalls das Ticken der Uhr nachzuahmen.

Hinweis

Probieren Sie vorher aus, ob sich der ausgewählte Gegenstand leicht
aufziehen lässt. Es gibt Uhren, bei denen das Aufziehen sehr viel Kraft
erfordert.

Musik mit selbstgemachten Instrumenten

Einfache Rhythmusinstrumente zu basteln, ist keine kostspielige Sache und bringt dem Kind viel Spaß.

So geht es

▶ Basteln Sie für das Kind einfache „Musikinstrumente". Beispiele:

o Trommeln: Nehmen Sie eine runde Schachtel. Streichen Sie den äußeren Rand der Schachtelöffnung mit starkem Klebstoff ein. Spannen Sie dann einen Bogen Plastikfolie über die Öffnung, und kleben Sie sie am Rand fest. Sichern sie die Folie zusätzlich mit einem Gummiband. Je kleiner die Schachtel, desto höher ist der Trommelklang.

o Schüttelinstrumente: Für Schüttelinstrumente können Sie leere Filmdöschen mit Steinen, Perlen oder Knöpfen füllen. Achten Sie darauf, die Deckel gut zu befestigen.

▶ Singen Sie Ihre Lieblingslieder, und begleiten Sie sich im Rhythmus auf Ihren selbst gebastelten Instrumenten.

Bewegte Tonleiter

Musikinstrumente haben für die meisten Kinder einen
großen Aufforderungscharakter. Mit ihnen zu experimentieren, fördert zudem die Hörfähigkeit des Kindes.

So geht es

▶ Stellen Sie ein kleines Xylofon vor das Kind.

▶ Lassen Sie das Kind mit den Schlägeln auf dem Instrument
experimentieren. Einzelne Holzstäbe gezielt zu treffen, erfordert
feinmotorische Fähigkeiten.

▶ Nehmen Sie den Schlägel selbst in die Hand, und spielen Sie
die Holzstäbe nacheinander von tief bis hoch. Singen Sie die Töne
dabei mit.

▶ Spielen Sie nun in die andere Richtung, von hoch nach tief,
und singen dazu die Töne mit.

▶ Singen Sie die Tonleiter noch einmal. Hocken Sie sich dabei vor
Beginn hin und richten Sie sich allmählich auf, bis sie mit ausgestreckten
Armen dastehen.

▶ Singen Sie die Tonleiter wieder von oben nach unten, während
Sie zurück in die Knie gehen und schließlich wieder am Boden hocken.

Hinweis

Es sollte Sie nicht wundern, wenn das Kind schon bald versucht,
Sie nachzuahmen.

Spiele für 22 bis 24 Monate

Geburtstagsgrüße vom Band

Kleine Kinder finden es spannend, wenn sie auf einem Tonband eine vertraute Stimme hören, die ihnen nette und lustige Sachen sagt.

So geht es

▶ Spielen Sie dieses Spiel zu einem besonderen Anlass, zum Beispiel am Geburtstag des Kindes.

▶ Nehmen Sie ein paar Geburtstagsgrüße für das Kind auf Band auf. Gestalten Sie ihre Aufnahme sehr persönlich und individuell auf das Kind zugeschnitten, indem Sie es auf der Aufnahme immer wieder direkt mit seinem Namen ansprechen und etwas zu diesem speziellen Geburtstag erzählen.

▶ Sie können auch ein Geburtstagslied singen. Besonders spannend wird es für das Kind, wenn es Geburtstagsständchen und Geburtstagsgrüße von verschiedenen vertrauten Personen hören kann und vielleicht sogar die Stimmen dieser Personen wiedererkennt.

▶ Hören Sie sich gemeinsam mit dem Kind die Aufnahme an und machen Sie nun zusammen eine Tonbandaufnahme. Ermuntern Sie das Kind zu sprechen, indem Sie ihm Fragen stellen und gegebenenfalls auch seinen Teddy in die Unterhaltungssituation mit einbeziehen.

▶ Singen Sie mit dem Kind zusammen. Hören Sie sich die Aufnahme anschließend gemeinsam an.

Paarweise

Kinder in diesem Alter sind noch nicht so weit, dass sie zählen oder Zahlen erkennen können. Sie beginnen aber, den Mengenbegriff der Zahl zwei zu verstehen. Helfen Sie dem Kind, diesen Begriff zu erfassen.

So geht es

▶ Zeigen Sie dem Kind Dinge, die paarweise auftreten, zum Beispiel zwei Schuhe, zwei Strümpfe, zwei Hände, zwei Füße, zwei Ohren etc.

▶ Verwenden Sie das Wort „zwei" in Ihren alltäglichen Gesprächen, wann immer es angemessen ist. Sagen Sie zum Beispiel: „Schau mal, zwei Blumen."

▶ Geben Sie dem Kind Sachenpaare. Sagen Sie z.B.: „Hier sind zwei Löffel" oder „Hier sind zwei Spielzeuge."

Du musst dich entscheiden

In diesem Alter lernen Kinder bereits, kleine Entscheidungen selbst zu treffen. Die Leistung ist nicht zu unterschätzen. Zwischen zwei Dingen auszuwählen erfordert beispielsweise, diese miteinander zu vergleichen und ihre Vor- und Nachteile im Geist abzuwägen.

So geht es

▶ Setzen Sie sich auf eine weiche Matte oder Decke auf den Boden, dem Kind gegenüber.

▶ Stellen Sie dem Kind zwei Spielzeuge hin.

▶ Halten Sie eines der Spielzeuge hoch, und unterhalten Sie sich mit dem Kind darüber. Beschreiben Sie die Farbe, die Größe und andere Aspekte, die dem Kind wichtig sein könnten. Nehmen Sie dann das zweite Spielzeug, und beschreiben Sie es ebenfalls.

▶ Bitten Sie das Kind, eines der Spielzeuge auszusuchen, mit dem es gern spielen möchte. Loben Sie seine Wahl.

Hinweis

Es ist möglich, dass das Kind anfangs beide Spielzeuge haben möchte oder keines von beiden. Lassen Sie ihm Zeit, oder probieren Sie es zu einem anderen Zeitpunkt erneut.

Auf Farbensuche

Unterstützen Sie das Kind darin, Farben unterscheiden
zu lernen.

So geht es

▶ Unterhalten Sie sich mit dem Kind über Farben. Wenn Sie
ein Buch zu diesem Thema haben, lesen und betrachten Sie es
zusammen.

▶ Entscheiden Sie sich für eine der Grundfarben (Rot, Gelb oder
Blau). Gehen Sie mit dem Kind durch das Haus, und zeigen Sie ihm
Sachen in dieser Farbe.

▶ Ermuntern Sie das Kind, auf Gegenstände dieser Farbe zu zeigen.

Hinweis

Am besten beschränken Sie sich jeweils auf eine Farbe, auf die Sie das
Kind ein paar Tage immer wieder aufmerksam machen. Suchen Sie sich
dann eine andere Farbe aus, auf die Sie die Aufmerksamkeit des Kindes
lenken möchten.

203

Was das Kind dabei lernt:
Formen und Farben wahrnehmen

Zwei blaue Kreise

Das Wahrnehmen von Formen erfordert genaues Hinsehen. Mit diesem Spiel können Sie das Kind darin unterstützen, einfache Formen, wie Kreis, Dreieck und Quadrat wahrzunehmen, und es zugleich in seiner Farbwahrnehmung fördern.

So geht es

▶ Schneiden Sie Kreise, Quadrate oder Dreiecke in zwei unterschiedlichen Farben aus. Beginnen Sie mit blau, gelb oder rot. Stellen Sie zu jeder Form zwei Exemplare gleicher Farbe her.

▶ Setzen Sie sich mit dem Kind an einen Tisch, und breiten Sie die ausgeschnittenen Formen auf der Tischplatte aus.

▶ Nehmen Sie einen blauen Kreis, und legen Sie ihn vor sich hin. Sagen Sie dabei: „Blauer Kreis."

▶ Nehmen Sie einen zweiten blauen Kreis, und wiederholen Sie: „Blauer Kreis."

▶ Zeigen Sie nacheinander auf die beiden blauen Kreise, und sagen Sie dabei: „Eins, zwei, dideldumdei."

▶ Wiederholen Sie dies einige Male, und legen Sie dann die Kreise zur Seite. Fragen Sie das Kind, ob es Ihnen zeigen kann, wo ein blauer Kreis liegt.

▶ Wählen Sie beim nächsten Mal eine andere Form, die Sie dem Kind zeigen.

Auf Punkte- und Streifensuche

Viele Spiele fördern gleich mehrere Fähigkeiten des Kindes.
Das Kind lernt bei diesem Spiel nicht nur das genaue
Beobachten beim Wahrnehmen verschiedener Muster.
Es trainiert auch seine Auge-Hand-Koordination.

So geht es

▶ Nehmen Sie Tücher oder Stoffreste mit Punkt- oder Streifen-
muster.

▶ Zeigen Sie dem Kind die Punkte, und benennen Sie sie. Fassen
Sie sie an, zählen Sie sie, oder fahren Sie mit dem Finger ihre Umrisse
nach. Fordern Sie das Kind auf, ebenfalls die Umrisse mit dem Finger
zu umfahren. Führen Sie dabei eventuell zunächst seine Hand.

▶ Untersuchen Sie auf ähnliche Weise die gestreiften Stoffe.

▶ Malen Sie Punkte und Streifen auf ein Blatt Papier. Lassen Sie sich
von dem Kind zeigen, was Punkte und was Streifen sind.

▶ Gehen Sie durch das Haus und suchen Sie nach Punkten und Streifen.
Oft finden Sie sie an Wänden, auf dem Boden oder auf Konservendosen.

▶ Sehen Sie sich ein Buch mit Tierbildern an. Suchen Sie nach Tieren
mit gepunktetem oder gestreiftem Fell.

Mit Auge, Nase und Hand

Das Kind liebt es, Erkundungen anzustellen und Entdeckungen zu machen. Regen Sie seinen Forscherdrang an.

So geht es

▶ Führen Sie seine Hand über viele unterschiedliche Materialien. Seiden-, Woll-, Baumwoll- und Cordstoffe ermöglichen beispielsweise wundervolle Tasterfahrungen.

▶ Helfen Sie dem Kind, Vergleiche zwischen den Materialien anzustellen, indem Sie zum Beispiel sagen: „Das fühlt sich glatt an, und das fühlt sich weich an."

▶ Die Natur bietet eine breite Palette an Sinneserfahrungen: Lassen Sie das Kind an Blumen, Gras und Blättern schnuppern, welke Blätter befühlen und sie zwischen den Fingern zerreiben. Laufen Sie bei warmem Wetter barfuß mit dem Kind über weiches Gras oder durch den Sand.

▶ Die Küche steckt voller Geruchsüberraschungen: Dort gibt es Saures, Süßes, Würziges und noch viel mehr für die Nase! Lassen Sie das Kind an verschiedenen Gewürzen schnuppern.

Lebensmittel erkunden

Ein Supermarkt ist eine aufregende Welt für sich.
Holen Sie diese Welt in Ihre Einrichtung oder Ihre Wohnung,
und begeben Sie sich mit dem Kind auf eine spannende
Erkundung.

So geht es

▶ Zeigen Sie dem Kind verschiedene Lebensmittel, z.B. Müsli-
pakete, kleine Konservendosen, kleine Plastikflaschen, Obst oder
Gemüse mit typischer Oberfläche wie Avocados, Orangen oder Kiwis.

▶ Ermuntern Sie das Kind, die Lebensmittel zu befühlen und zu
erkunden.

▶ Sprechen Sie über die einzelnen Sachen, und unterhalten Sie
sich darüber, wie sie sich anfühlen. Fühlen sie sich weich, glatt, kühl,
hart, knubbelig oder noch ganz anders an?

Sicherheitshinweis

Achten Sie unbedingt darauf, dem Kind keine scharfkantigen Dosen
zu geben, an denen es sich verletzen könnte.

Lupenreiner Spaß in der Natur

Draußen in der Natur lassen sich die interessantesten Beobachtungen anstellen, besonders wenn man eine Lupe zur Hilfe nimmt.

So geht es

▶ Nehmen Sie eine Lupe, und setzen Sie sich bei warmem Wetter mit dem Kind auf eine Decke ins Gras.

▶ Geben Sie dem Kind einen Grashalm. Zeigen Sie ihm, wie man ihn durch die Lupe anschaut. Erklären Sie ihm, dass durch die Lupe alles größer aussieht.

▶ Helfen Sie dem Kind, seinen Körper durch die Lupe zu betrachten. Fingernägel, Haut – vor allem Hautstellen mit Heftpflaster darauf – und Zehennägel sind sehr spannend.

▶ Gehen Sie durch den Garten, und sehen Sie sich um. Betrachten Sie ein Blatt durch die Lupe, und betrachten Sie dabei auch die Unterseite des Blattes. Untersuchen Sie eine Blume oder ein Stück Baumrinde.

▶ Kriechen Sie über den Boden, und halten Sie Ausschau nach Krabbeltieren.

Hinweis

Wahrscheinlich will das Kind die Lupe selbst halten und nicht wieder hergeben. Verwenden Sie deshalb auf jeden Fall eine Plastiklupe.

Wirbelnde Bilder

Mit dieser Art von Interaktion zwischen Ihnen und dem Kind erweitern Sie seinen Wortschatz und festigen Ihre gemeinsame Beziehung.

So geht es

▶ Schneiden Sie Bilder aus Zeitschriften aus, die Vertrautes zeigen: Tiere, Leute, Spielzeuge und andere Sachen, die das Kind kennt.

▶ Besorgen Sie sich einen Drehteller oder etwas Ähnliches, das sich drehen lässt.

▶ Legen Sie die Bilder auf die Drehplatte – möglicherweise müssen Sie sie festkleben –, und setzen Sie die Platte in Bewegung. Während sich die Platte dreht, sagen Sie: „Eins, zwei, drei, huiiii."

▶ Wenn die Platte anhält, zeigen Sie auf das Bild vor dem Kind. Unterhalten Sie sich über das, was darauf zu sehen ist.

▶ Setzen Sie dieses Spiel fort. Wenn die Platte mit demselben Bild vor dem Kind anhält wie zuvor, unterhalten Sie sich wieder über dieses Bild.

▶ Lassen Sie das Kind versuchen, die Platte selbst zu drehen. Achten Sie darauf, dass es sich nicht seine Finger dabei klemmt.

Erste Lesespiele

Sie können das Kind durch individuelle Zuwendung
und genügend Anreize in seiner Sprachentwicklung
unterstützen.

So geht es

▶ Schneiden Sie Bilder aus Katalogen oder Zeitschriften aus,
die Gegenstände abbilden, die das Kind kennt (z.B. Schuhe,
einen Ball usw.). Kleben Sie die Bilder auf Karten.

▶ Zeigen Sie dem Kind eines der Bilder. Sprechen Sie mit ihm
über das, was darauf zu sehen ist. Unterhalten Sie sich über die
Form, die Farbe, wofür man den Gegenstand verwendet usw.

▶ Geben Sie dem Kind die Karte, und nennen Sie den entsprechenden
Begriff, z.B. „Schuh". Bitten Sie das Kind, Ihnen das „Schuh"-Bild zu
geben.

▶ Wenn das Kind gelernt hat, den Namen des abgebildeten Gegenstandes
mit dem Bild zu verbinden, bringen Sie eine weitere Karte ins Spiel.
Bei Ihrer Bitte nach einem bestimmten Bild muss es jetzt zwischen zwei
Karten wählen.

Doppelt sehen

Dieses Spiel erfordert viel Konzentration vom Kind.

So geht es

▶ Schneiden Sie aus Zeitschriften Bilder von Sachen aus, die das Kind erkennt, zum Beispiel ein Bild von einem Stück Obst, und die Sie ihm auch real zeigen können.

▶ Legen Sie ein Bild (z.B. von einer Banane) vor das Kind auf den Boden. Sagen Sie: **„Schau dir dieses Bild von einer Banane an. Hm, lecker!"** Unterhalten Sie sich mit dem Kind über das Bild.

▶ Nun holen Sie eine echte Banane und legen sie neben das Bild.

▶ Unterhalten Sie sich über die echte Banane genauso wie vorher über das Bild.

▶ Setzen Sie das Spiel fort: Suchen Sie gemeinsam mit dem Kind die passenden Gegenstände zu den Bildern.

▶ Geben Sie dem Kind weitere Bilder von vertrauten Gegenständen. Bitten Sie das Kind, die Bilder jeweils neben oder auf den echten Gegenstand zu legen. Sagen Sie zum Beispiel: **„Kannst du dieses Bild von einem Kopfkissen auf dein Kopfkissen legen?"**

Und was kommt dann?

Kinder dieses Alters können sich immer besser an Dinge erinnern, die eine kurze Zeit zurückliegen. Etwa ab dem 24. Lebensmonat erinnern sie sich an Dinge aus der zurückliegenden Woche und eventuell sogar an Dinge, die bereits vor einem Monat geschehen sind.

So geht es

▶ Wählen Sie ein Buch aus, das dem Kind besonders gut gefällt und das es gut kennt.

▶ Lesen Sie dem Kind das Buch vor, und betrachten Sie es mit ihm gemeinsam. Sprechen Sie dabei darüber, was auf der nächsten Seite zu sehen ist, bevor Sie tatsächlich umblättern.

▶ Wenn Sie die Seite umblättern, weisen Sie auf das hin, was Sie besprochen haben. Sagen Sie zum Beispiel: „**Hier ist der kleine Junge, der im Heu eingeschlafen ist.**" Falls sich das Kind nicht an die Dinge auf der nächste Seite erinnert, unterstützen Sie es, indem Sie selbst von Dingen erzählen, die als Nächstes in der Geschichte passieren.

Tipp

Lassen Sie das Kind die Buchseiten umblättern. Dadurch schult es seine Feinmotorik.

Ratespaß im Streifenbuch

Mit diesem Spiel unterstützen Sie das Kind bei der
Entwicklung seiner Vorstellungskraft. Es wird sicher große
Freude daran finden, vertraute Personen auf Fotos wieder-
zuerkennen.

So geht es

▶ Nehmen Sie ein Heft mit Spiralbindung, am besten
im DIN-A5-Format.

▶ Kleben Sie auf die Vorderseite jedes zweiten Blatts ein Bild von
einem vertrauten Gegenstand oder von Leuten, die das Kind kennt.
Kleben Sie sie jeweils auf die rechte Seite einer Doppelseite, sodass sich
schließlich bebilderte mit unbebilderten Seiten abwechseln.

▶ Schneiden Sie die unbebilderten Seiten des Heftes bis zur Mitte mit der
Schere ein. Die Seiten sind somit in breite horizontale Streifen unterteilt,
die sich einzeln umblättern lassen.

▶ Sehen Sie sich das Buch gemeinsam an. Verdecken Sie dabei jedes Bild
zunächst immer mit der vorangehenden Seite. Blättern Sie einen Streifen
nach dem anderen um, sodass nach und nach immer mehr von dem
darunterliegenden Bild sichtbar wird. Fragen Sie das Kind, ob es raten
kann, was wohl auf dem Bild zu sehen ist.

Das Gefühlebilderbuch

Kinder in diesem Alter lieben Bilderbücher. Bei diesem Spiel kommt ein ganz besonderes Bilderbuch zum Einsatz.

So geht es

▶ Suchen Sie Bilder, die Leute mit deutlich erkennbaren Gefühls-regungen zeigen. Zeitschriften sind eine reichhaltige Quelle für Bilder mit glücklichen, traurigen, lachenden oder weinenden Gesichtern.

▶ Kleben Sie diese Bilder auf Quadrate aus stabiler Pappe. Stanzen Sie in jedes Pappkärtchen ein Loch, und binden Sie die Kärtchen mit einer Kordel zu einem Bilderbuch zusammen.

▶ Sehen Sie sich dieses besondere Buch mit dem Kind gemeinsam an. Betrachten Sie die Bilder, und unterhalten Sie sich über das, was Sie darauf sehen. Zeigt ein Foto z.B. ein lachendes Gesicht, so lachen Sie laut und ermuntern das Kind, es Ihnen nachzumachen. Überlegen Sie gemein-sam, was Leute zum Lachen bringt. Wenn Sie ein weinendes Gesicht sehen, tun Sie so, als würden Sie weinen. Ermuntern Sie das Kind wieder, es Ihnen nachzumachen, und überlegen Sie gemeinsam, warum Leute weinen.

Hinweis

Spätestens ab dem 22. Monat interessieren sich Kinder für die Gefühle anderer Personen. Das Kind sollte erfahren, dass man auch seine eigenen Gefühle zeigen darf.

Schenken macht Spaß

Andere zu beschenken und ihnen eine Freude zu bereiten, ist nicht nur für Erwachsene eine tolle Sache. Und wenn das Geschenk dann noch selbst gebastelt ist, wird das Kind beim Überreichen sicher sehr stolz auf sich sein.

So geht es

▶ Sprechen Sie mit dem Kind über ein Geschenk. Überlegen Sie gemeinsam, wen Sie beschenken wollen: vielleicht Oma oder Opa oder einen anderen Verwandten, einen Freund des Kindes oder einen Nachbarn.

▶ Blättern Sie Zeitschriften durch, und halten Sie nach Bildern Ausschau, die dem Empfänger des Geschenkes Freude machen würden oder die dem Kind gefallen.

▶ Schneiden Sie die Bilder für das Kind aus und helfen Sie ihm, sie auf einen Pappteller zu kleben. Lassen Sie dabei das Kind entscheiden, welche Bilder auf den Teller geklebt werden sollen.

▶ Wenn es nötig ist, helfen Sie ihm, dem „Auserwählten" das Geschenk zu überreichen.

Spiele für 22 bis 24 Monate

Teddy am Steuer

Fiktionsspiele machen Kindern unglaublichen Spaß und beflügeln ihre Fantasie.

So geht es

▶ Ermuntern Sie das Kind, „Auto zu fahren". Zeigen Sie ihm, wie man beim Steuern eines Lenkrads die Arme bewegt.

▶ Gehen Sie durch den Raum, und tun Sie so, als würden Sie ein Auto fahren. Fordern Sie das Kind ebenfalls auf, ein imaginäres Auto zu fahren.

▶ Bitten Sie das Kind nach einiger Zeit, den Teddy ans Steuer zu lassen und ihm das Fahren beizubringen. Zeigen Sie ihm, wie es die Arme des Teddys bewegt.

Tipp

Machen Sie beim „Auto fahren" auch die entsprechenden Geräusche: Tuten Sie mit der Hupe oder imitieren Sie das Quietschen der Bremsen, wenn Sie anhalten.

Badezeit für die Puppe

Bei diesem Spiel kann das Kind in die Rolle eines Erwachsenen schlüpfen. Indem sie ihm unterschiedliche Anweisungen geben, fördern Sie seine sprachlichen Fähigkeiten.

So geht es

▶ Nehmen Sie eine Plastikpuppe, möglichst mit beweglichen Armen und Beinen. Stellen Sie eine größere Plastikschüssel mit Wasser bereit.

▶ Ermuntern Sie das Kind, der Puppe das Schwimmen beizubringen. Zeigen Sie ihm, wie die Puppe die Arme und Beine bewegen muss. Geben Sie ihm verschiedene Anweisungen, wie es die Puppe im Wasser bewegen soll. Die Puppe könnte zum Beispiel planschen, strampeln oder sich treiben lassen.

Hallo Oma, wir sind gleich da!

Kinder übernehmen gerne „verantwortungsvolle" Aufgaben, wenn Sie sie darum bitten. Mit dem folgenden Spiel können Sie diese kindliche Motivation aufgreifen.

So geht es

▶ Stellen Sie vier Stühle in 2er-Reihen wie Autositze hin. Setzen Sie sich auf den „Fahrersitz", und bitten Sie das Kind, auf einem der hinteren Sitze Platz zu nehmen.

▶ Entscheiden sie gemeinsam, wohin die Fahrt gehen soll (z.B. zum Supermarkt oder Spielplatz). Machen Sie dann entsprechende Brummgeräusche und Lenkbewegungen mit den Armen.

▶ Erzählen Sie dem Kind während der Fahrt, dass Sie beide nun vorher noch die Oma besuchen wollen. Aber Sie haben ganz vergessen, der Oma Bescheid zu geben. Sagen Sie: „Ich habe vergessen, die Oma anzurufen und ihr zu sagen, dass wir kommen. Zum Glück haben wir ja ein Handy dabei!"

▶ Reichen Sie dem Kind ein Spielzeughandy, und sagen Sie: „Kannst du mal bitte die Oma anrufen und ihr sagen, dass wir sie jetzt gleich besuchen wollen? Beim Autofahren kann ich nämlich nicht telefonieren." Geben Sie dem Kind einen Hinweis, was es sagen könnte, z.B.: „Hallo Oma, wir sind gleich da!" Vielleicht kann das Kind auch der Oma schon einmal sagen, was es gerne essen und trinken möchte oder was es mit der Oma spielen möchte.

Da sehe ich ...

Durch ein Fernrohr lassen sich Dinge in der Umgebung
auf eine ganz neue Weise betrachten.

So geht es

▶ Nehmen Sie eine Pappröhre (zum Beispiel von einer
Küchenrolle). Verzieren Sie sie eventuell von außen mit bunter
Folie oder malen Sie sie zusammen mit dem Kind an.

▶ Machen Sie dem Kind vor, wie man durch die Pappröhre späht.
Fordern Sie es dann auf, selbst durch die Pappröhre zu sehen.

▶ Ermuntern Sie das Kind, einen bestimmten Gegenstand zu suchen.
Sagen Sie zum Beispiel: „Kannst du etwas Rotes finden?",
„Kannst du etwas Großes finden?" oder Ähnliches.

Freunde und Freundschaft

Kinder verbringen gerne Zeit mit Altersgenossen, aber auch mit Erwachsen. Sie müssen jedoch erst ein Gespür dafür entwickeln, was es bedeutet, mit jemandem befreundet zu sein.

So geht es

▶ Laden Sie einen Freund oder eine Freundin zum Spielen zu sich nach Hause ein. Das kann ein Erwachsener oder ein anderes Kind sein.

▶ Machen Sie Fotos von dem Kind und dem Besucher.

▶ Zeigen Sie dem Kind die Bilder, und unterhalten Sie sich mit dem Kind darüber. Stellen Sie dabei besonders heraus, was Freunde machen. Hier sind einige Vorschläge:

o Freunde reden miteinander.
o Freunde wechseln sich mit Spielsachen ab.
o Freunde lachen zusammen.
o Freunde nehmen einander in den Arm.
o Freunde sind gern zusammen.

Zähne putzen, Haare kämmen ...

Bei diesem Spiel lernt das Kind, Verantwortung für seinen Körper und seine Gesundheit zu übernehmen.

So geht es

▶ Sprechen Sie dem Kind den folgenden Vers vor, und tun Sie dabei so, als würden Sie sich die Zähne putzen.

Zähne putzen,
Zähne putzen,
jeden Morgen,
jeden Tag.

▶ Helfen Sie dem Kind, ebenfalls so zu tun, als würde es sich die Zähne putzen.

▶ Versuchen Sie es auch mit den folgenden Versen. Machen Sie beim Aufsagen immer die entsprechenden Bewegungen.

Haare kämmen …
Hände waschen …
Gesicht waschen …
Milch trinken …

▶ Erfinden Sie weitere Verse zu den Sachen, die Sie jeden Tag machen.

Immer mehr neue Wörter

Im ersten Lebensjahr beginnt das Kind zu sprechen und mit Lauten zu experimentieren. Greifen Sie alles auf, was das Kind sagt, und ergänzen Sie es um ein paar Wörter. Dies ist eine wunderbare Methode, die sprachliche Entwicklung des Kindes zu fördern.

So geht es

▶ Wann immer das Kind ein Wort sagt, wiederholen Sie dieses Wort und fügen ein beschreibendes Wort hinzu. Machen Sie einen kurzen Satz daraus. Sagt das Kind beispielsweise „Milch", so können Sie sagen: **„Ja, das ist kalte, weiße Milch."**

Hinweis

Auf diese Weise unterstützen Sie das Kind dabei, seinen Wortschatz zu erweitern.

Ausziehen
leicht gemacht

Der Versuch, Schuhe, Socken, Hemd oder andere Kleidungsstücke auszuziehen, kann für kleine Kinder bisweilen
sehr frustrierend enden. Es gibt aber viele Möglichkeiten,
das Kind dabei zu unterstützen.

So geht es

▶ Dies sind einige Vorschläge, wie Sie das Kind beim Ausziehen
unterstützen können:

○ Lösen Sie bei Schuhen mit Schnürsenkeln die Schleife,
   lockern Sie die Schnürung und ziehen Sie den Schuh über
   die Ferse des Kindes. Den Rest kann es allein bewältigen.
○ Helfen Sie dem Kind beim Ausziehen eines Hemdes,
   indem Sie ihm einen Ärmel ausziehen, und ihm zeigen,
   wie ihm dies mit dem anderen Ärmel gelingt.
○ Schieben Sie seine Socken über die Ferse, sodass es sie leicht
   vom Rest des Fußes abziehen kann.

Hinweis

Das Kind gewinnt viel Selbstvertrauen, wenn es erkennt,
dass es sich allein ausziehen kann.

Spiele zu Fuß

Wenn das Kind laufen kann, gibt es viele Aktivitäten, mit denen Sie sein Koordinationsvermögen verbessern können.

So geht es

▶ Zeigen Sie dem Kind verschiedene Möglichkeiten, sich fortzubewegen. Beispiele:

○ Gehen Sie rückwärts, seitwärts oder langbeinig wie ein Pferd.

○ Marschieren Sie, gehen Sie auf Zehenspitzen oder rutschen Sie mit den Füßen vorwärts. Lassen Sie Ihre Arme nach vorne baumeln.

○ Verschränken Sie die Arme zu einem „Elefantenrüssel": Greifen Sie sich mit einer Hand an die Nase und stecken Sie den anderen Arm durch den so gebildeten Kreis. Gehen Sie langsam, und schwenken Sie dabei Ihren „Elefantenrüssel".

○ Gehen Sie einmal schnell und einmal langsam.

○ Ermuntern Sie das Kind zu hüpfen, zu springen und zu laufen.

○ Verstellen Sie Ihre Stimme, während Sie gehen. Sprechen Sie mit leiser, mit lauter, mit hoher Stimme oder mit einer Babystimme.

Waschritual nach dem Essen

Kleine Kinder mögen es oft gar nicht gern, wenn Sie ihnen nach dem Essen das Gesicht und die Hände abwischen wollen.

So geht es

▶ Nehmen Sie einen feuchten Waschlappen, und zeigen Sie dem Kind, wie Sie sich Gesicht und Hände damit waschen.

▶ Zur Auflockerung dieses obligatorischen Reinigungsrituals können Sie zudem auch so tun, als ob sich der Teddy des Kindes ebenfalls das Mäulchen und die Tatzen sauber machen muss. Erzählen Sie dem Kind, dass dem Teddy das Mittagessen so unglaublich gut geschmeckt hat, dass er ganz unvorsichtig gegessen hat und dabei gar nicht gemerkt hat, dass er sich etwas bekleckert hat.

▶ Geben Sie nun dem Kind einen feuchten Waschlappen, und bitten Sie es, sich Gesicht und Hände abzuwischen. Das Kind wird es Ihnen und seinem Teddy sicher mit Vergnügen nachmachen.

▶ Geben Sie dem Kind nach dem Essen einen feuchten Schwamm oder ein Spültuch, und fordern Sie es auf, den Tisch abzuwischen.

Hinweis

Kleine Kinder mögen es, Bezugspersonen eine Freude zu machen. Deshalb sollten Sie solche Aktionen mit viel Lob bedenken.

Fußstapfen im Schnee

Wenn der Boden mit Schnee bedeckt ist, kann ein Spaziergang im Freien zu einer spannenden Angelegenheit werden. Sie können dort jede Menge unterschiedliche Fußstapfen entdecken.

So geht es

▶ Gehen Sie mit dem Kind nach draußen, und sehen Sie sich nach Fußabdrücken um. Versuchen Sie herauszufinden, von welchem Tier sie stammen.

▶ Lassen Sie das Kind eine Hand in den Schnee legen, und sich dann den Abdruck genau ansehen. Drücken Sie Ihre Hand in den Schnee, und vergleichen Sie Ihren Abdruck mit dem des Kindes. Sprechen Sie dabei über große Hände von Erwachsenen und kleine Hände von Kindern.

▶ Schauen Sie sich mit dem Kind Ihre Fußabdrücke an, und vergleichen Sie sie. Sprechen Sie dabei über große Schuhe von Erwachsenen und kleine Schuhe von Kindern.

Kannst du auch
so hüpfen?

Dieses Spiel hilft Kindern, die Bezeichnungen für
verschiedene Bewegungsarten mit den entsprechenden
Bewegungen zu verbinden.

So geht es

▶ Sagen Sie zu dem Kind: „**Kannst du mir sagen, was ich
mache?**" Hüpfen Sie ein paar Mal auf und ab. Sagen Sie dann:
„Ich hüpfe."

▶ Sagen Sie zu dem Kind: „**Kannst du auch so hüpfen?**"
Hüpfen Sie mit ihm gemeinsam auf und ab.

▶ Wiederholen Sie dieses Spiel mit unterschiedlichen Bewegungsarten
wie Marschieren, Schwimmen (mit den Armen rudern) und Laufen.

Komm mit
auf den Weg!

Mit diesem Spiel können Sie dem Kind helfen, seinen
Gleichgewichtssinn weiterzuentwickeln und sich bei
der Fortbewegung sicherer zu fühlen.

So geht es

▶ Legen Sie einen geraden, schmalen Weg aus Zeitungspapier
auf den Boden, und befestigen Sie ihn mit Klebeband.

▶ Zeigen Sie dem Kind den Weg, und sagen Sie: **„Dies ist ein
langer Weg. Darauf kannst gehen."** Zeigen Sie ihm, wie es mit
seitlich ausgestreckten Armen auf dem Weg entlanggehen kann.

▶ Ermuntern Sie das Kind, Ihnen auf dem Weg nachzugehen.
Wenn es nicht versteht, was Sie meinen, nehmen Sie es bei der Hand.

▶ Wenn das Kind den einfachen, geraden Weg entlanggehen
kann, machen Sie es etwas komplizierter: Bauen Sie Kurven ein oder
lassen Sie ihn durch mehrere Zimmer führen.

Auf Formen laufen

Bei diesem Spiel kann das Kind verschiedene Formen
mit dem ganzen Körper erfahren.

So geht es

▶ Kleben Sie mit breitem, stabilem Klebeband Umrisse auf
den Boden, zum Beispiel Kreise, Quadrate, Dreiecke und
Zickzacklinien.

▶ Zeigen Sie dem Kind, wie es auf den Klebestreifen
entlanglaufen kann. Beginnen Sie mit dem Kreis.

▶ Nehmen Sie das Kind an die Hand, und gehen Sie gemeinsam
auf der Kreislinie entlang und benennen Sie auch die Form.

▶ Nachdem Sie alle Formen abgegangen sind und diese dabei
auch benannt haben, suchen Sie sich anderen Bewegungsarten aus:
Gehen Sie rückwärts, seitlich oder auf Zehenspitzen. Versuchen Sie, auf
den Formen zu hüpfen, zu springen, zu krabbeln oder zu marschieren.

Lauf zum Baum

Kleine Kinder laufen für ihr Leben gern. Bei diesem Spiel kann das Kind laufen und gleichzeitig seine sprachlichen Fähigkeiten erweitern.

So geht es

▶ Gehen Sie mit dem Kind nach draußen. Knoten Sie bunte Bänder an zwei oder drei Stellen fest, z.B. an einem Baum, einer Tür oder in einem Bereich, den das Kind gut kennt.

▶ Sagen Sie zu dem Kind: „Ich laufe jetzt zum Baum." Nehmen Sie seine Hand, und laufen Sie gemeinsam zum Baum. Laufen Sie auch zu den anderen Stellen, an denen Bänder flattern. Benennen Sie Ihr Ziel, bevor Sie zusammen loslaufen.

▶ Dann bitten Sie das Kind, zum Baum, zur Tür oder zu einer anderen Stelle zu laufen, die es kennt. Es wird dieses Spiel lieben, vor allem, wenn Sie es loben, sobald es sein Ziel erreicht hat.

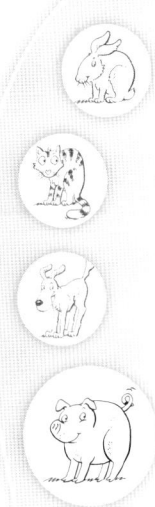

Sprung vom Karton

Bei diesem Spiel sind eine ganze Reihe von Fähigkeiten gefragt: Kraft, Gleichgewichtssinn, Koordination und Beweglichkeit. Das Kind wird nicht genug von diesem Spiel bekommen können.

So geht es

▶ Suchen Sie sich einen Karton, der stabil genug ist, um das Gewicht des Kindes zu tragen. Setzen Sie das Kind auf den verschlossenen Karton, und nehmen Sie seine Hände in Ihre.

▶ Sagen Sie: „Achtung, fertig, LOS!" Helfen Sie dem Kind, vom Karton zu springen, indem sie sich vor das Kind stellen und ihm ihre Hände reichen. Ihre Hände sollten sich dabei in Höhe seiner Schultern befinden. Auf diese Weise hängt das Kind nicht mit seinem ganzen Gewicht an seinen Armen, sondern balanciert sich aus.

Spiele für kleine Hüpfer

Kleine Kinder scheinen laufen und springen zu können,
ohne jemals müde zu werden.

So geht es

▶ Stellen Sie kleine Hürden auf, die es überspringen kann.
Verwenden Sie anfangs kleine Gegenstände als Hürden, zum
Beispiel Handschuhe, und nehmen Sie etwas größere Dinge,
wie kleine Kissen oder Ähnliches.

▶ Kleben Sie einen Kreis aus Klebeband auf den Boden, und zeigen
Sie dem Kind, wie man in den Kreis hinein- und wieder herausspringen
kann.

▶ Wenn Sie zusammen draußen sind, ermuntern Sie das Kind,
von Treppenstufen und über Pfützen zu springen.

▶ Tun Sie so, als seien Sie ein Känguru und hüpfen Sie kreuz und quer
durch den Raum. Ermuntern Sie das Kind, es Ihnen nachzumachen.

Hinweis

Wenn das Kind Schwierigkeiten hat, die Hürden zu überspringen, fassen Sie
es um die Taille und heben Sie es darüber. Verwenden Sie als Hindernisse
möglichst weiche Gegenstände, damit sich das Kind nicht verletzt. Bleiben
Sie am besten immer neben ihm, damit Sie es auffangen können, falls es
beim Springen einmal auf einem Hindernis landen sollte.

Der Teddybär fliegt

Dieses Spiel macht wirklich Spaß. Wahrscheinlich wird
das Kind vorschlagen, auch andere Sachen als den Teddy
durch die Luft fliegen zu lassen.

So geht es

▶ Breiten Sie ein großes Handtuch oder ein Deckchen auf dem
Boden aus. Setzen Sie den Teddy des Kindes in die Mitte darauf.

▶ Erklären Sie dem Kind, dass der Teddy gleich fliegt.
Bitten Sie das Kind, ein Ende des Handtuchs bzw. des Deckchens
zu fassen, während Sie selbst das andere Ende nehmen. Sagen Sie:
„Eins, zwei, huiiii!", und heben Sie mit dem Kind gemeinsam das
Handtuch in die Luft.

▶ Üben Sie diesen Ablauf mit dem Kind, bis es versteht, dass es
auf „Huiii!" sein Ende des Handtuchs hochheben muss. Der Teddy
sollte dabei auf dem Handtuch bleiben.

▶ Nach ein paar vorsichtigen Hüpfern lassen Sie den Teddy höher fliegen,
indem Sie das Handtuch schneller auf und nieder bewegen. Fangen Sie
den Teddy nach seinem „Flug" wieder mit dem Handtuch auf.

▶ Wenn der Teddy zu Boden fällt, lassen Sie das Kind ihn aufheben und
auf das Handtuch zurücklegen.

Hinweis

Um den Teddy in die Luft zu schleudern und mit dem Handtuch
aufzufangen, müssen Hände und Augen gut zusammenarbeiten.

Gehen, laufen, hüpfen

Spielen Sie dieses Spiel im Freien.

So geht es

▶ Suchen Sie sich zwei oder drei Bewegungsarten aus, die Sie und das Kind beherrschen, zum Beispiel gehen, laufen und hüpfen.

▶ Erklären Sie dem Kind, dass Sie z.B. zum Baum gehen wollen. Nehmen Sie es an die Hand, gehen Sie zusammen dorthin.

▶ Sagen Sie dem Kind dann, dass Sie nun zur Tür laufen wollen. Nehmen Sie es wieder bei der Hand, und laufen Sie gemeinsam los.

▶ Laufen, gehen und hüpfen Sie mit dem Kind zu einer Stelle, die Sie zuvor bestimmen.

Blubberblasen

Das Pusten ist eine gute Übung, das Kind bei der Entwicklung seiner sprachlichen Fähigkeiten zu fördern.
Die Laute „p", „b" und „w" werden mit einer pustenden Bewegung der Lippen erzeugt.

So geht es

▶ Füllen Sie eine große Schüssel mit Wasser, und stellen Sie sie auf einen Tisch im Freien.

▶ Nehmen Sie einen Trinkhalm, und pusten Sie sachte auf die Hand des Kindes.

▶ Zeigen Sie ihm, wie es den Trinkhalm halten und sanft ins Wasser pusten kann. Manche Kinder brauchen etwas Übung, bevor es ihnen gelingt, die Luft auszupusten und nicht anzusaugen.
(Machen Sie etwa 7 cm unterhalb des oberen Endes einen V-förmigen Einschnitt in den Trinkhalm. So können Sie verhindern, dass das Kind das Wasser einatmet, wenn es Luft holt.)

▶ Machen Sie das Kind auf Luftblasen im Wasser aufmerksam. Wenn das Kind einmal begriffen hat, wie man solche Blasen produziert, wird es bald herausfinden, dass es mehr Blasen bekommt, je fester es pustet.

Spiele im Sand

Muster in den Sand zu malen, kann eine wunderbar kreative Aktivität sein. Dem kleinen Künstler werden Spiele mit Sand großen Spaß machen.

So geht es

▶ Legen Sie verschiedene Küchengeräte bereit, die interessante Spuren im Sand hinterlassen, zum Beispiel Pfannenwender, Schaumlöffel, Messbecher, Pizzaroller, Ausstechförmchen etc.

▶ Zeigen Sie dem Kind, wie es mit den Küchengeräten Muster im Sand machen kann.

▶ Zeigen Sie ihm, wie es einen Becher mit Sand füllen, ihn dann umstülpen und so einen Sandkuchen machen kann.

▶ Graben Sie ein Loch in den Sand, und stecken Sie eines der Küchengeräte hinein.

Hinweis

Wenn Sie dem Kind vormachen, was es mit den Küchenwerkzeugen anstellen kann, wird es bald eigene Ideen entwickeln, wie sich verschiedene Muster in den Sand machen lassen.

Spiele für 22 bis 24 Monate

Der Ball rollt

Ein Ball bietet unzählige Einsatzmöglichkeiten.
Mit Ballspielen kann das Kind beispielsweise seine
Koordinationsfähigkeit trainieren.

So geht es

▶ Setzen Sie sich dem Kind gegenüber ins Gras. Der Abstand
zwischen Ihnen und dem Kind sollte so groß sein, dass Ihnen
das Kind über diese Entfernung einen Ball zurollen kann.
Beginnen Sie am besten mit einem relativ kleinen Abstand.

▶ Rollen Sie dem Kind einen Ball zu, und ermuntern Sie das Kind,
den Ball zu Ihnen zurückzurollen.

▶ Wenn das Kind etwas Übung im Rollen hat, vergrößern
Sie den Abstand zwischen Ihnen.

▶ Rollen Sie den Ball zu einem Baum oder
einer anderen Stelle. Ermuntern Sie das Kind,
Ihnen den Ball zurückzubringen,
oder laufen Sie mit ihm um die Wette,
um ihn als Erstes zu erreichen.

237

... für 1-Jährige

Erste Ballspiele

Ein Wasserball, der nur noch wenig Luft hat, ist gut
geeignet für Ballanfänger, weil er sich leicht greifen lässt.

So geht es

▶ Spielen Sie mit einem anderen Erwachsenen zusammen.
Ihr Mitspieler stellt sich in einem Meter Abstand von dem Kind
auf und wirft den Ball.

▶ Stellen Sie sich hinter das Kind, und führen Sie seine Hände
bei seinen ersten Fang- und Werfversuchen. Zeigen Sie dem Kind,
wie es den Ball in seinen angewinkelten Armen auffangen kann.

▶ Lassen Sie den Ball zwischen dem Mitspieler und dem Kind
hin- und herfliegen.

Hinweis

Erwarten Sie nicht zu viel von dieser Übung. Dem Kind fehlen für
gekonntes Spielen mit dem Ball noch die körperlichen Voraussetzungen.

Kegeln

Ab dem 22. Monat können Kinder beim Werfen oder
Rollen eines Balles schon genauer zielen. Fördern Sie seine
Koordinationsfähigkeit mit diesem kleinen „Kegelspiel".

So geht es

▶ Stellen Sie drei oder vier leere Plastikflaschen auf den Boden.

▶ Nehmen Sie einen kleinen Ball, und zeigen Sie dem Kind,
wie man den Ball rollt und die Flaschen umwirft.

▶ Fordern Sie dann das Kind dazu auf, die Flaschen umzuwerfen.
Lassen Sie es so nah an die „Kegel" herangehen, dass es gute
Erfolgsaussichten hat.

▶ Klatschen Sie in die Hände, und rufen Sie **„Hurra!"**, wenn es
dem Kind gelingt, eine Flasche umzukegeln.

▶ Wenn das Kind etwas Übung hat, können Sie an verschiedenen
Stellen im Raum kleine Ansammlungen von Bechern aufbauen.
Lassen Sie es versuchen, alle Becher in einer Ecke aus einer gewissen
Entfernung zugleich umzuwerfen.

Literatur, Musik und Internet

Literaturtipps

Bostelmann, Antje (Hrsg.):
Praxisbuch Krippenarbeit.
Leben und lernen mit Kindern unter 3.
Verlag an der Ruhr, 2008.
ISBN 978-3-8346-0353-1

Bostelmann, Antje (Hrsg.):
So gelingen Portfolios in Kita und Kindergarten.
Beispielseiten und Vorlagen.
3–6 J. Verlag an der Ruhr, 2008.
ISBN 978-3-8346-0322-7

Bostelmann, Antje (Hrsg.):
Das Portfolio-Konzept für die Krippe.
0–3 J. Verlag an der Ruhr, 2008.
ISBN 978-3-8346-0413-2

Casey, Beth; Jones, Caroline:
Lernen kann ich immer und überall!
Weltentdeckungen und Lernanregungen für 3- bis 5-Jährige.
Verlag an der Ruhr, 2007.
ISBN 978-3-8346-0243-5

Beek, Angelika; Fuchs, Ragnhild; Strätz, Rainer:
Bildung beginnt mit der Geburt. Ein offener Bildungsplan
für Kindertageseinrichtungen in Nordrhein-Westfalen.
Cornelsen Verlag Scriptor, 2005.
ISBN 978-3-589-25373-9

Largo, Remo H.:
Kinderjahre. Die Individualität des Kindes
als erzieherische Herausforderung.
Piper Verlag, 2008.
ISBN 978-3-492-23218-0

Kleine Spiele zum Großwerden ...

Musiktipps

Blesius, Susanne:
**Ich und Du. Kinderreime aufgesagt
und abgezählt, angespielt und gesungen.**
Audio-CD.
Patmos Verlag, 2001.
ISBN 978-3-491-88780-0

Sarholz, Margit; Meier, Werner:
**Auf der Mauer, auf der Lauer.
Kinderlieder-Klassiker, frisch, keck
und quicklebendig.**
Audio-CD.
Sternschnuppe Verlag, 2004.
ISBN 978-3-932703-56-0

Internettipps

www.kindergarten-workshop.de
Mit vielen Spiel- und Bastelideen, Tipps für den Kita-Alltag, Erziehungsfragen,
Foren etc.

www.familienhandbuch.de
Hier finden Sie ein Internet-Handbuch zu Themen der Kindererziehung, Partner-
schaft und Familienbildung für Eltern, Erzieher, Lehrer und Wissenschaftler.

Die in diesem Werk angegebenen Internet-Adressen haben wir geprüft
(Stand Februar 2011). Da sich Internetadressen und deren Inhalte schnell
verändern können, ist nicht auszuschließen, dass unter einer Adresse inzwi-
schen ein ganz anderer Inhalt angeboten wird. Wir können daher für die
angegebenen Internetseiten keine Verantwortung übernehmen.

Verlag an der Ruhr

Postfach 10 22 51
45422 Mülheim an der Ruhr

Telefon 030/89 785 235
Fax 030/89 785 578

bestellungen@cornelsen-schulverlage.de
www.verlagruhr.de

Es gelten die Preise auf unserer Internetseite.

■ **Das Portfolio-Konzept für die Krippe**

Antje Bostelmann (Hrsg.)

0–3 J., 112 S., A4, Paperback, farbig
ISBN 978-3-8346-0413-2
Best.-Nr. 60413
19,80 € (D)/20,35 € (A)/32,– CHF

■ **So gelingen Portfolios in der Krippe**

Beispielseiten und Vorlagen
Antje Bostelmann (Hrsg.)

0–3 J., 72 S., A4, Paperback, farbig
ISBN 978-3-8346-0466-8
Best.-Nr. 60466
17,80 € (D)/18,30 € (A)/28,70 CHF

■ **Praxisbuch Krippenarbeit**

Leben und lernen mit Kindern unter 3
Antje Bostelmann (Hrsg.)

0–3 J., 129 S., A4, Paperback, farbig
ISBN 978-3-8346-0353-1
Best.-Nr. 60353
19,80 € (D)/20,35 € (A)/32,– CHF

■ **Ohren an das Knie heran, ob die Nase wackeln kann?**

Bewegungsreime zur Sprachförderung
Tina Weiler

3–6 J., 71 S., 16 x 23 cm, Spiralbindung, farbig
ISBN 978-3-8346-0321-0
Best.-Nr. 60321
14,50 € (D)/14,90 € (A)/23,40 CHF

Keiner darf zurückbleiben